经济发展模式探讨与实践

王美丽　吴紫青　田永杰　著

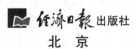经济日报出版社

北　京

图书在版编目（CIP）数据

经济发展模式探讨与实践 / 王美丽，吴紫青，田永杰著 . -- 北京 : 经济日报出版社 , 2024.1
ISBN 978-7-5196-1363-1

Ⅰ . ①经… Ⅱ . ①王… ②吴… ③田… Ⅲ . ①中国经济—经济发展—研究 Ⅳ . ① F124

中国国家版本馆 CIP 数据核字 (2023) 第 256382 号

经济发展模式探讨与实践
JINGJI FAZHAN MOSHI TANTAO YU SHIJIAN
王美丽　　吴紫青　　田永杰　　著

出　　版：经济日报出版社
地　　址：北京市西城区白纸坊东街 2 号院 6 号楼 710（邮编 100054）
经　　销：全国新华书店
印　　刷：廊坊市海涛印刷有限公司
开　　本：710mm×1000mm　1/16
印　　张：10.25
字　　数：173 千字
版　　次：2024 年 1 月第 1 版
印　　次：2024 年 1 月第 1 次印刷
定　　价：68.00 元

前　言

　　经济发展模式，是经济发展过程中所呈现出来的结构、特征的概括和总结。它是基于一定的经济条件和文化传统而形成的、以经济发展或经济增长为核心的经济运行的相对定式。现代经济理论认为，经济发展模式是与一定的生产力水平、一定的经济体制和经济发展战略相适应，能反映特定的经济增长动力结构和经济增长目标的一个经济范畴。一定的经济发展模式不仅是对一个国家或地区的现代化的历史发展进程的描述和概括，也是其现代化发展战略方针的体现，它处在动态发展过程之中。经济发展模式的实质是经济增长方式，即推动经济增长的各种生产要素投入及其组合的方式，也就是依赖什么要素，借助什么手段，通过什么途径，怎样实现经济增长。要素不同，手段不同，途径不同，所带来的增长质量和结果也不同。经济发展模式的核心在于产业结构的演进、变迁和发展所选择的路径问题。

　　本书围绕"经济发展模式探讨与实践"这一主题，由浅入深地阐述了经济发展模式及其影响因素、循环经济发展模式、区域经济发展模式、以制造业为例的基于数字化转型的经济发展模式实践等内容，以期为读者理解与践行经济发展模式提供有价值的参考和借鉴。本书逻辑清晰、理论严谨、渐次深入，且文笔朴实、语言通俗流畅，做到了理论与实践的结合，适用于经济管理专业的师生及相关行业人员。

　　本书有两大特点：

　　第一，本书结构严谨，逻辑性强，以经济发展模式探讨与实践的研究为主线，对经济发展模式探讨与实践所涉及的理论进行了探索。

　　第二，本书理论与实践紧密结合，对经济发展模式的优化路径和方法进行了论述，以便读者加深对基本理论的理解。

　　作者在本书的写作过程中，借鉴了前人的研究成果，在此表示衷心的感谢。由于经济发展模式探讨与实践涉及的范畴比较广，需要探索的层面比较深，因此作者在写作过程中难免会存在不足，对一些问题的研究不够透彻，提出的一些观点存在一定的局限性，恳请前辈、同行以及广大读者斧正。

目　录

第一章　经济发展模式及其影响因素

第一节　经济发展及其模式

经济发展是指一个国家或者地区按人口平均的实际福利增长过程，它不仅是财富和经济机体的量的增加和扩张，而且意味着其质的方面的变化，即经济结构、社会结构的创新，社会生活质量和投入产出效益的提高。简言之，经济发展就是在经济增长的基础上，一个国家或地区经济结构和社会结构持续高级化的创新过程或变化过程。

一、内涵

经济发展相对于经济增长而言，是发展经济学核心概念。经济发展是指包括质量与数量在内的经济高质量发展，而不仅是数量的增长。

随着生产社会化、知识功能化与社会经济化，经济结构已经复杂化，经济增长与经济发展、经济发展与社会发展在内涵和外延两个方面逐步趋同，GDP[①]增长已经不能完全真实反映经济增长，即使经济增长也离不开经济发展，否则经济增长就只有抽象的意义；单纯用GDP来计算经济增长、衡量经济发展已经落后于时代的要求。经济发展是价值的发展不是金钱的增长，是效益的发展不是效率

---

① 国内生产总值（Gross Domestic Product，GDP）是衡量一个国家或地区经济活动总量的指标。它代表了特定时间内一个国家或地区所有最终产品和服务的市场价值总和。

1

的增长，是全面的发展不是片面的增长，是辩证的发展不是线性的增长。"经济发展"概念把发展经济学和增长经济学区别开来，把经济增长与经济发展、经济发展与社会发展统一起来，把经济学定位为发展经济学，使发展经济学成为一门科学。

经济发展不仅意味着国民经济规模的扩大，更意味着经济和社会生活素质的提高。所以，经济发展涉及的内容超过了单纯的经济增长，比经济增长更为广泛。就当代经济而言，发展的含义相当丰富、复杂。发展总是与发达、与工业化、与现代化、与增长之间交替使用。一般来说，经济发展包括三层含义：

（1）经济量的增长，即一个国家或地区产品和劳务的增加，它构成了经济发展的物质基础；

（2）经济结构的改进和优化，即一个国家或地区的技术结构、产业结构、收入分配结构、消费结构以及人口结构等经济结构的变化；

（3）经济质量的改善和提高，即一个国家和地区经济效益的提高、经济稳定程度、卫生健康状况的改善、自然环境和生态平衡以及文化和人的现代化进程。

经济发展是通过经济结构的改进和优化、经济质量的改善和提高达到经济量的增长。

环境与经济可持续发展，即经济发展不能以危害环境为代价，可持续发展要求一个国家或地区的发展不应影响其他国家或地区的发展，可持续性意味着维持全人类福利的自然资源基础，使生态环境和经济社会协调发展。

二、度量

经济学家们一般用国内生产总值（GDP）来作为衡量经济发展水平的重要指标。由于度量经济发展是一个极其复杂的问题，为了解决这个问题，现在有越来越多的人主张用若干个具体指标组成的综合指标体系来衡量和评价经济发展的水平和质量。如，物质生活质量指数（PQLI）、人类发展指数（HDI）和购买力平价（PPP）。

三、依据

（1）经济发展的财富增长体现在国内生产总值，费用与时间在流通、管理、服务等环节的分配与效率直接影响生产的质量与效率；因而，管理、服务与流通等环节越是精简、廉洁和有效率，就越能促进经济发展。

（2）生产要素变化包括数量增加、结构变化、质量改善、实现经济增长的模式与方法等。

（3）经济发展方式的内容既包括经济增长方式的内容，又包括产业结构、收入分配、居民生活以及城乡结构、区域结构、资源利用、生态环境等方面的内容。

（4）科学技术是推动社会经济发展的决定性力量。科学技术是企业抢占价值链高端环节、打造企业核心能力、提升市场竞争力的关键手段。"一流企业做标准，二流企业做品牌，三流企业做产品"就从一个方面反映出技术对企业的重要性。

科技是第一生产力不仅取决于科技的先进性，还取决于企业的另一个"车轮"——管理。科技与管理是一对孪生兄弟，它们相伴而生又相辅相成，发挥着各自的功能。科技的功能主要表现在突破和创新，对企业发展具有决定性作用；管理的功能主要表现在完善和发挥，对企业发展具有保障性作用。突破性科技创新对企业来说犹如上了一个楼层，能使企业发生明显的本质性进步；管理创新对企业来说犹如上楼梯，能使企业发生持续性变化，积累到一定程度也可使企业发生明显的实质性进步。科技的提升离不开管理保障，管理的提升也离不开科技含量。凡是重大的科技成果都必须有管理做保障，凡是重大创新的管理也必然依赖于科技手段，精益生产方式需要现代制造技术、信息技术作支撑。

四、经济发展模式

目前，国际上的经济发展模式有如下几种。

（一）自由市场经济模式

1.概念

自由市场经济模式以亚当·斯密的古典政治经济学理论和18世纪中期英国工业革命的实践为理论依据，主张国家对私人企业尽可能少干预，实行自由经济、自由贸易；企业高风险、高利润；强调个人自由，反对国家制定经济发展规划。自由市场经济模式的特点是：①私人经济占绝对主导，国有经济比重小；②私人资本集中程度高，垄断性强；③市场自发调节作用很大，国家干预少；④劳动力市场的自由开放程度高、流动性大，就业竞争压力大。

20世纪70年代末和80年代初期，英国撒切尔夫人上台，美国里根入主白宫，两人共同演绎了一段新自由主义意识形态下的"新盎格鲁—撒克逊模式"奇迹，也是我们能找到的英美自由模式的最近例证。他们在所有制领域实行私有化、在金融市场上去除管制、在国际贸易上主张自由化，分别带领英美两国走出或缓解了当时的经济困境。

自由竞争的市场模式有利于投资和生产力的发展，起源于英国，在美国达到巅峰。这种模式中积累的决策权主要在私人公司，它们可以自由地、最大限度地追求短期利润目标，通过金融市场获得资本；劳动者享有有限的和法律明文规定的劳动所得和社会权利；信奉个人主义和自由主义。

美国模式在战后的"经济绩效"处于世界领先地位。主要优点是：弹性很强的劳动力和产品市场、低税、激烈的竞争和股东资本主义——股东对管理者施加压力，要求使他们利润最大化。它能充分发挥市场竞争的优势，在科技创新和必要的政府干预基础上，解决资源配置的动力问题。企业在技术、管理、产品、生产方式创新等方面，处于发达国家的最高水平。

2.主要特点

美国自由市场经济模式，即所谓消费者导向型市场经济模式。它十分强调市场力量对促进经济发展的作用，认为政府对经济发展只能起次要作用。推崇企业家精神，崇尚市场效率而批评政府干预，这种市场模式的特点是生产要素有较高的流动性。这一模式中还存在着无限制的法律诉讼特色。政府进行调控与否往往以是否有利于消费者利益为目标，而较少从生产者角度出发。社会习惯与政府政策更多地着重促进私人消费而忽视储蓄。这种倾向不仅反映在个人与企业的行为方面，而且也反映在政府公共财政的大量赤字方面。

（二）政府主导型市场经济

政府主导型市场经济是一种特殊的经济模式，其特点是政府虽然在资源的配置上遵循市场经济的原则，但是在具体的操作过程中，政府会通过强有力的计划和政策对资源配置施加影响，以达到特定的短期和长期经济增长目标。这种模式下，政府拥有巨大的资源，包括但不限于财政收入、土地出让金收入以及金融资源。这些资源使得政府能够在市场中发挥重要的引导和推动作用。

具体来说，政府主导型市场经济具有以下特点。

政府资源的控制：政府拥有庞大的财政收入、土地出让金收入以及其他金融资源，这些都是政府可以直接支配的资金资源，对经济活动有着直接影响。

政策的指导和干预：尽管资源配置遵循市场经济原则，政府仍然会通过制定政策和计划来指导资源的分配和使用，以此来实现既定的经济增长目标。

对市场行为的监管：政府会对市场行为进行必要的监管，以防止市场可能出现的问题和不公平现象。

综上所述，政府主导型市场经济结合了市场经济的基本机制和政府的有形之手，旨在实现高效的市场资源配置和社会经济的持续健康发展。

第二节 经济发展模式的影响因素

经济发展模式的转变是一个长期、系统的过程，不能急于求成。经济发展模式的影响因素可以说是多方面的。从根本上说，经济发展模式的转变是生产力运行状态的转变，但从实践过程中来看，经济发展模式的转变不仅受到生产力水平的制约，还受到经济制度、生产关系及形式、文化、教育、法律等体制因素的影响。

一、经济结构是主要因素

经济结构是指企业所在地区的生产力布局情况。不同的经济结构类型关系到企业财务活动的发展程度、范围、投资方向、资金来源和盈利水平等。资源环境是关系企业发展的资源条件。经济结构是指经济系统中各个要素之间的空间关系，包括区域结构、产业结构、企业结构等。

经济结构是各经济系统，系统中各个要素之间互相关联、互相结合，有着数量对比关系。一定的社会经济和技术条件，要求与它相适应的一定的经济结构。

经济结构的各个组成部分之间，都是有机联系在一起的，具有客观制约性，不是随意建立任何一种经济结构都是合理的。影响经济结构形成的因素很多，最主要的是社会对最终产品的需求，而科学技术的进步对经济结构的变化有重要影响。一个国家和地区的经济结构是长期形成的，其是否合理，主要看它是否适合本国实际情况；是否建立在坚实的经济可能性之上；是否充分发挥一切经济优势；是否充分利用国内外一切有利因素；能否合理有效地利用人力、物力、财力和自然资源；是否保证国民经济各部门协调发展；是否有力地推动科技进步和劳动生产率提高；是否既有利于促进近期的经济增长又有利于长远的经济发展；是否取得最大经济效果和最大限度地满足人民需要。

二、技术、管理、人力资本投资成为直接因素

（一）技术与经济发展模式的关系

（1）技术和经济是对立统一的辩证关系，二者相互促进，相互制约，共同发展。

（2）经济发展是技术发展的动力和方向，经济是技术发展的起因和归宿。技术进步是推动经济发展、提高经济效益的重要条件和手段。任何新技术的产生与应用都需要经济的支持，受到经济的制约。

（3）技术具有强烈的应用性和明显的经济目的性，没有应用价值和经济效益的技术是没有生命力的。而经济的发展必须依赖于一定的技术手段，世界上不存在没有技术基础的经济发展。

（二）企业管理与经济发展模式的关系

首先，企业管理对于经济发展模式的稳定起着至关重要的作用。一个高效、透明、公正的企业管理体系能够有效地减少内部腐败和权力滥用，提高资源配置的效率和公平性，为经济的快速发展奠定坚实的基础。通过科学的管理理念和方法，企业可以更好地规划和实施各项经营活动，提高生产效率和产品质量，增强市场竞争力。这样，企业能够更好地满足市场需求，为经济模式稳定发展提供有力的支持。

其次，经济模式的发展为企业管理提供了广阔的市场和机会。随着国民经济

的不断发展，市场规模不断扩大，消费需求也在不断提升。这为企业提供了更多的销售机会和发展空间，可以更好地实施营销策略和拓展市场份额。同时，经济模式发展也意味着更多的投资机会和合作机会，企业可以通过与其他企业或社会组织的合作，共同实现资源共享和优势互补，提高自身的竞争能力和发展潜力。

然而，企业管理与经济模式发展之间也存在着相互影响与制约的关系。不良的企业管理将会导致资源浪费、效率低下和市场混乱，进而对国民经济发展产生负面影响。而经济模式的不稳定和发展速度的放缓也会给企业管理带来压力和挑战，可能导致企业陷入困境甚至破产。因此，企业管理和国民经济发展是相互依存、相互促进的关系，需要双方的不断努力和合作才能取得共同发展。

要实现良好的企业管理与经济模式的协同发展，需要政府、企业和社会各界共同努力。政府应加强宏观调控，建立健全的法规和政策体系，为企业管理提供有力的支持和保障。企业应加强内部管理，提高员工素质和专业能力，不断创新和改进管理方法，提高企业的竞争力和市场适应能力。同时，社会力量加强对企业管理的监督和评价，也可以促进企业管理的透明度和公正性，为企业提供持续发展的环境和条件。

总而言之，企业管理与经济模式之间存在着密切的关系。良好的企业管理有助于国民经济的稳定和发展，而经济模式也为企业管理提供了广阔的市场和机会。双方的良性互动和合作将为实现经济社会的可持续发展奠定坚实的基础。因此，我们应重视企业管理与经济模式的关系，不断推进管理创新和经济变革，为共同发展做出积极的贡献。

（三）人力资本投资与经济模式的关系

人力资本投资是指为了提高劳动生产率，促进经济发展而对人力资本进行的投资。

人力资本作为社会财富的重要组成部分和经济发展的有机组成部分，能够为经济发展模式带来强有力的推动作用。

首先，人力资本的不断提升，可以提高生产力和经济效益。人力资本能够增强劳动力的技能、知识和能力，从而提高生产效率，降低单位成本，促进经济发展模式发展。

其次，人力资本能够改善公司经营绩效。拥有具备专业及技能的员工，公司能够增加创新能力，提高竞争力，进而增强经营绩效。员工的终身学习和发展将不断增加其人力资本，进一步提高经营绩效。

最后，人力资本能够提高劳动者的收入和生活品质。通过学习和技能培训，劳动者将拥有更高的生产力、更高的技能和更丰富的知识。这可以让他们更容易找到更高薪水的工作，并改善其财务状况，提升生活品质。

第二章　循环经济发展模式

第一节　循环经济发展模式理论研究

一、循环经济模式概述

（一）循环经济的概念

地球作为一个特殊的系统，从人与自然的关系的角度可以视为由自然存在的生态系统、人类活动形成的经济系统和社会系统三个子系统组成的有机整体。生态系统是在没有人类活动干预的条件下，地球表面的各种生物之间以及生物群落与其无机环境之间通过能量流动和物质循环而相互作用的有机整体。经济系统是人类的生产和再生产活动以及由此产生的生产关系在一定的地理环境和社会制度下组合而成的有机整体。社会系统是人类的生产和再生产活动以外的其他活动在一定的地理环境和社会制度下组合而成的有机整体。经济系统和社会系统的运行是以生态系统的健康运行为基础，反过来又作用于生态系统。

广义的循环经济，是指在一定的观念、技术、制度等条件的支持下，通过各类能量和物质资源在生态系统、经济系统、社会系统内部及其系统之间合理循环流动，在维持三个系统和谐运行的前提下，实现人类生活质量逐步提高和生存年限尽可能延长的一种新的人类生存与发展模式。狭义的循环经济，是指在一定的观念、技术、制度、自然资源等条件的支持下，通过各类能量和物质资源在经济系统内部的高效循环利用，实现经济主体的经济效益最大化和环境污染最小化的一种新的经济运行与发展模式。

循环经济追求的直接目标是资源高效利用和生态环境优化，最高目标是人类生活质量的逐步提高和生存年限的尽可能延长。

（二）循环经济的特征

循环经济的特征主要表现为以下几项。

1.观念先行性

循环经济的发展以人类的观念转变为前提。人类只有对传统的生存与发展模式不断反思，充分认识到传统生存与发展模式的局限性，从广义和狭义两个角度对循环经济这一新的生存与发展模式的内涵与本质加以深入理解，深刻意识到人类生存与发展中面临的资源与环境困境，切实领会发展循环经济对于人类生存与发展的战略意义，才能转变行为方式，以更加积极的心态主动地参与发展循环经济的实践中。在人类的传统观念没有彻底转变的情况下，人类的行为方式难以改变，日常生活、技术创新、制度设计、经济发展等活动就难以摆脱传统模式的束缚，循环经济的发展也将举步维艰。

2.技术先导性

循环经济的发展以科技进步为先决条件。在循环经济发展的资源开采、资源消耗、产品生产、废弃物预防与控制、产品消费、资源再生、无害化处理等环节无不需要先进技术的支持，没有先进技术的支持，循环经济的发展只能是水中月、镜中花。人类唯有积极推动技术创新，及时研发循环经济发展中急需的科学技术，利用高新技术破解循环经济发展中的一系列技术难题，才能切实促进循环经济发展。因此，在循环经济发展中，需要构建由清洁生产技术、替代技术、减量化技术、再利用技术、资源化技术、无害化技术、系统化技术、环境检测技术等共同构成的技术体系，为循环经济的发展提供技术支持。

3.物质循环性

循环经济要求把地球系统内的各类资源在一定的观念、技术、制度等条件的支持下，组织成为一个"资源—产品—再生资源"的物质反复循环流动的过程，使各类资源在经济系统、社会系统、生态系统内部及其系统之间实现高效循环利用，同时使废弃物排放最小化，从而实现人与自然的和谐发展。

4.主体多元性

循环经济作为一种新的人类生存与发展模式，其参与主体必然涉及人类个体及由人类个体组成的任何组织，具体来讲，包括政府、企业、高等院校与科研机构、中介组织、公众等。而且，在循环经济发展的不同阶段，各参与主体发挥的作用是不同的，所处的主体地位也是不同的。

5.效益综合性

循环经济不仅仅是经济发展的问题，其追求的效益也不仅仅是经济效益。循环经济追求生态系统、经济系统和社会系统的和谐统一，因此其追求的是生态效益、经济效益和社会效益的综合与统一。生态效益、经济效益和社会效益之间的关系是辩证统一的，它们互为条件、相互影响、互利共赢。

（三）循环经济的运行模式

循环经济的运行模式指的是各类资源在生态系统、经济系统和社会系统内部及其系统之间的循环流动模式，通过资源的合理、高效流动，实现各系统内部及其系统之间的和谐统一，助力人类的长远发展。

人类借助于必要的技术和设备，从生态系统中开采所需资源，一部分资源投入经济系统，通过经济系统内部的循环利用，生产出人类生活所需要的产品，进入社会系统供人类享用并在社会系统中循环利用；另一部分资源直接投入社会系统，供人类直接享用。各类资源通过经济系统内部的循环流动后，不仅生产出人类所需的产品进入社会系统循环利用，而且还产生了一些对人类生存环境有害的废弃物。这些废弃物可以分为两类：一类是可人为分解的废弃物，这类废弃物进入人为分解系统（人为分解系统是相对于自然分解而言的附属于经济系统和社会系统的一个虚拟系统），经过人为分解后实现了部分资源再生，重新回流到经济系统继续循环利用，同时将极少量废弃物经过适当的无害化处理后直接排放到生态系统，由生态系统自然分解后实现自然资源再生，供人类重新利用；另一类是极少量不可人为分解的废弃物，这类废弃物经过适当的无害化处理后直接排放到生态系统，由生态系统自然分解后实现自然资源再生，供人类重新使用。进入社会系统的各类资源和产品通过社会系统内部的循环流动后，在实现社会效益最大化的同时，产生了三类废弃物：第一类是可直接回收的废弃物，这类废弃物重新回流到经济系统继续循环利用；第二类是不可直接回收但可人为分解的废弃物，这类废弃物进入人为分解系统，会重新回流到社会系统或经济系统继续循环利用，供人类重新利用；第三类是极少量的既不可直接回收利用又不可人为分解的废弃物。

（四）循环经济模式的特征

循环经济是实施可持续发展战略的先进生产方式，也是达到生态治理目标的重要途径。循环经济模式的本质是在生态系统、生产过程和经济增长之间，通过无污染、无生态破坏的技术工艺流程达到良性循环。它要求运用生态与经济规律来指导人类社会的经济活动，使得经济系统与自然生态系统相互协调、统一、和谐。与传统的生产模式比较，循环经济模式具有以下特征。

第一，传统生产模式是资源—产品—废物排放、产品—消费—废物排放的物质单向流动的经济模式。所有的废渣、废水、废气、生活垃圾和其他污染物，不加任何处理，随意排放到环境中。与传统经济模式不同，循环经济模式通过物质无限循环、转化、增值带动经济发展，采用的是可逆循环、多向转化、多级利用和无废物排放的经济模式，它消除了自然资源的过度开发现象，力求达到污染物的"零排放"和无生态破坏，可提高居民的生活质量和经济增长的质量。

第二，传统经济模式对资源的利用表现为"高开采、低利用、高排放、高破坏"，由此导致资源的极大浪费和生态环境的严重恶化。循环经济模式对资源的利用采取的"合理开采、高效利用、洁净排放、低度破坏"思路，其经济特征为"减量化、再利用、循环化"的原则。这些原则的中心意思有三点：一是减少生产和消费过程中的资源消耗量，改变商品的过度包装，从源头节约资源，尽量不生产一次性使用的产品；二是不断重复使用消费品，尽量延长消费品的使用寿命；三是将使用过的垃圾、废物变成再生资源，制造新的产品，而不随意排放废物。

第三，循环经济模式是全程清洁生产。全程清洁生产是对循环经济模式的理念更新与技术换代。清洁生产对污染控制是由末端治理转向全过程控制和源头治理。循环经济模式要求企业采取改进设计，使用清洁的能源和原料，采用先进的工艺技术、设备，实施全程清洁生产管理和综合利用等措施，提高资源利用效率，减少或者避免在生产、服务和产品消费过程中污染物的产生和排放，创造一个全程清洁的生产过程。循环经济模式中的清洁生产技术，其基本目标是减少乃至消除生产过程、产品与服务的有害影响。从生产过程而言，要求节约原材料和能源，尽可能不用有毒原材料，并在排放物和废物离开生产过程以前就减少有毒原材料的数量和毒性；从产品和服务而言，则要求从获取和投入原材料到最终处置报废产品的整个过程中，都尽可能将对环境的影响减至最低，减少产品和服务的物质材料、能源密度，扩大可再生资源的利用，提高产品的耐用性和寿命，提高服务的质量。20世纪80年代以来，发达国家把发展这类技术作为争取国家战略优势的重要途径，作为提高在世界市场竞争力的重要手段。

第四，循环经济模式客观上也要求政府为循环生产技术的推广提供政策支持、技术帮助和资金补贴，清除影响循环模式的生产技术推广的各种障碍，提高企业实施循环经济模式的责任感，并且通过绿色标志等制度的建立推动公众参与循环经济模式，为企业实施循环经济模式创造条件。

二、循环经济发展的阶段、主体、动力

（一）循环经济发展的阶段

在实践运行中，根据循环经济理论体系、发展观念、政策体系、制度设计、试点工作、综合效益等因素的演变，可将循环经济的发展大致分为三个阶段。

1.第一阶段：起步阶段

在本阶段，人类受自然资源的制约和环境污染的困扰，开始反思传统经济社会的发展方式，探索人与自然协调共生的途径。在这种背景下，循环经济应运而生并得到了各界人士越来越多的关注，循环经济的理论体系开始建立。在实践和理论的共同影响下，人类的发展观念开始转变，循环经济思想开始广泛传播，政府开始改革、完善服务于传统发展模式的政策制度，着手建立服务于循环经济发展的政策制度体系，特别是关于循环经济的专项法律法规开始建立。在实践操作中，分批启动循环经济试点，包括试点企业、试点工业园区、试点城市甚至试点省份。在本阶段，发展循环经济的综合效益还不是很明显，需要政府更多的引导和支持。

2.第二阶段：发展完善阶段

在本阶段，广义循环经济的理论体系初步建立起来，循环经济思想得到了

绝大多数人的广泛认可并体现在实际行动中，政府在支持循环经济发展方面的各项政策、制度改革取得了实质性成就，建立了科学有效、系统完善的推进循环经济发展的支持体系和评价体系，制定了循环经济发展的各项中长期规划。在实践操作中，循环经济工作在各领域、各层次深入展开，循环经济的试点经验得到了总结推广，中介组织开始发挥作用，人类在循环经济发展中初步体会到了生态效益、经济效益和社会效益的和谐统一。

3.第三阶段：成熟阶段

在本阶段，广义循环经济的理论体系已经成熟，人类普遍对循环经济理念、内涵、本质等有了深刻理解，发展循环经济已成为各发展主体的一种"习惯"。支持循环经济发展的各项政策、制度的改革基本完成，服务于循环经济发展的支持体系趋于完善，循环经济发展的机制完全建立起来并发挥了巨大的作用。循环经济的运行模式在机制的作用下实现了良性运转，各类资源在生态系统、经济系统、社会系统内部及其系统之间的流通渠道畅通，资源利用效率得到显著提高，生态环境得到明显改善，人类的生活质量得到普遍提升，人类面临的资源环境压力得到明显缓解。

（二）循环经济发展的主体

传统观念认为，发展循环经济的主体包括政府、企业和公众，甚至有人忽视了公众在循环经济发展中的主体地位。然而，在实践操作中，政府、企业、公众、高等院校与科研院所、中介组织等都是循环经济发展的主体，而且，随着循环经济发展阶段的演变，循环经济发展主体的地位也在动态转换，在不同的发展阶段起到不同的作用。

在循环经济发展的第一阶段，政府、企业、高等院校与科研院所是循环经济发展的主体。由于本阶段循环经济的内涵、本质及发展的必要性还没有得到普遍认可，发展主体的主动性、积极性不高。因此，在三个发展主体中，政府起主导作用。政府为主导主要表现为各级政府在循环经济发展中不直接干预市场，而是起到监督、管理、规范和引导的作用，承担制定政策法规、编制发展规划、组织示范试点、加强宣传教育、提供行政指导和必要的咨询服务等职责。企业作为循环经济的实施主体，担当着配合各级政府的政策法规和发展规划，科学处理自身发展与循环经济发展的关系，以生态工业园区为载体，严格遵循3R原则，实施清洁生产，并将产品责任延伸到产品的整个生命周期中等责任。高等院校与科研院所的主体地位主要表现为循环经济理论创新和技术创新，为循环经济发展提供理论指导和技术支持。在本阶段，由于公众的观念还没有及时转变，中介组织的重要作用并没有得到充分重视，有利于中介组织发展的机制还没有完全建立起来，因此，公众和中介组织的主体地位还处于隐性状态。

在循环经济发展的第二阶段，政府、企业、高等院校与科研院所、公众、中介组织都是循环经济发展的主体。在本阶段，政府的主体地位开始弱化，主要承担各项政策制度的完善和对其他主体的服务和引导职能；企业和公众的观念得到明显转变，参与的主动性和积极性明显提高，成为循环经济发展最广泛的参与主体，企业发展循环经济不再是一种负担，在循环经济发展中实现了利润的最大化和企业新形象的塑造，公众能够身体力行并开始享受生态文明；有利于中介组织发展的机制逐渐建立和完善，中介组织的地位得到明显提升，实现了快速发展，成为连接经济系统与社会系统、社会系统中各家庭、政府与公众的桥梁，它们在循环经济发展中起着政府和企业难以发挥的纽带作用；高等院校与科研院所承担着建立和完善循环经济理论体系、推进技术创新生态化研究等职责，为循环经济发展提供理论指导和技术支持。

在循环经济发展的第三阶段，企业、公众、中介组织是循环经济发展的主体。在本阶段，循环经济发展的政策制度体系和运行机制完全建立起来，政府、高等院校与科研院所的主体地位进一步弱化，企业、公众和中介组织成为最广泛的参与主体，各自主动履行其基本职能，彼此之间协调统一、良性发展。在本阶段，循环经济的发展模式基本成熟，在既定的政策制度体系下，以企业、公众、中介组织为主体，按照市场机制良性运行，人类进入生态文明时代。

（三）循环经济发展的动力

按照对循环经济发展主体的行为意愿的影响程度，可以将循环经济发展的动力分为原动力、主动力和协动力三种类型。原动力是循环经济发展的最本源的动力，是发展动力的核心层；主动力是推动发展主体行为的直接动力，是发展动力的中间层；协动力是推动发展主体行为的间接动力，是发展动力的外围层。在循环经济发展的不同阶段，发展的原动力都是人类生存的本能，主动力和协动力是有差异的，三种动力共同作用于循环经济发展的主体，影响发展主体的行为。

在循环经济发展的第一阶段，原动力是人类生存的本能。主动力是政府的政策制度推动。在这一阶段，大部分企业受传统发展观念和经济效益的影响，发展循环经济的动力不足，高等院校与科研院所的作用还比较微弱，公众和中介组织受传统观念和机制的束缚还起不到发展循环经济的主体作用，因此，发展循环经济主要依赖政府的政策制度推动，通过政策制度的完善来引导和规范其他发展主体的行为。协动力是资源环境约束、市场竞争和贸易壁垒，人类在发展过程中出现了资源的过度消耗和生态环境恶化的不良后果，人类的生存与发展受到严峻威胁，人类不得不探索新的、可持续的发展方式，而且，由于政府的一系列政策制度的约束，使依然秉承传统经营模式的企业的生存空间逐渐缩小，市场竞争力逐渐弱化，加之，随着经济的全球化，"绿色壁垒"对传统企业在国际市场的竞争力造成很大影响，这些外在因素也为循环经济的发展提供了动力。

在循环经济发展的第二阶段，原动力是人类生存的本能。主动力是各循环经济主体对经济效益和生活质量的追求。在这一阶段，循环经济发展的基础已经形成，企业发展循环经济的经济效益开始普遍体现，公众开始享受生态文明，中介组织开始活跃，人类在体会到发展循环经济的经济效益和生态效益后，开始主动追求发展循环经济的经济效益和生态效益，特别是追求人类生活质量的提高；协动力是政策制度的支持和资源环境的约束，各项政策制度的不断改革、完善，为循环经济的发展提供了强有力的支持，同时，随着经济社会的进一步发展，资源短缺、生态环境恶化与人类发展的矛盾更为突出，但人类能够用更多方法来缓解环境污染和生态失衡，循环经济的发展既成为必然，又显现出广阔的发展前景。

在循环经济发展的第三阶段，原动力依然是人类生存的本能，这是贯穿循环经济发展过程的最本源的动力。主动力是人类健康的发展观念和完善的循环经济发展机制。在这一阶段，人类的发展观念完全转变，整体素质明显提高，主动在人与自然和谐的前提下进行生产经营和社会活动，无谓地浪费资源和破坏生态环境被视为一种"犯罪"和耻辱，与此同时，通过长期的改革、完善，循环经济发展的各种机制已经完全理顺，发展循环经济成为人类的一种生存方式。协动力是资源环境的约束，相对于人类发展的无限需求，自然资源的数量和生态环境的承载能力是有限的，节约资源和保护生态环境是发展循环经济的永久动力。

三、循环经济与相关学科的关系

循环经济作为一门新兴交叉的应用经济学科，以人类生活质量的逐步提高和生存年限的尽可能延长为目标，研究经济系统、社会系统、生态系统内部及其系统之间的关系以及由此产生的人与人之间的相互关系。循环经济与资源经济学、环境经济学、生态经济学等学科有着密切的联系，但又有别于这些学科。

（一）循环经济与资源经济学的关系

资源经济学是一门以资源管理及其可持续利用为对象，研究经济系统与自然资源系统的相互作用关系及由此产生的人与人之间的相互关系的学科。它通过考察和分析经济社会发展与自然资源之间的相互关系，研究自然资源的最优配置和合理开发利用。资源经济学研究的任务包括通过研究，阐述人口、资源和环境三者的关系以及它们与经济发展之间的关系；通过资源开发项目的理论分析和实践应用，从科学的角度进行重大资源开发项目的可行性分析，提高决策的科学性；通过对资源管理政策的分析，为国家制定正确的区域资源开发决策奠定理论基础；通过对新技术和新方法的研究，为扩大资源利用量和提高资源承载能力提供定性分析和定量分析的研究方法。资源经济学研究的主要内容包括资源价值与价格、自然资源承载能力、资源储备、资源经济核算体系、资源开发模式、资源管理政策、资源经济信息等。

循环经济与资源经济学的联系主要体现在：一是研究对象存在共性，经济系统与自然资源系统的相互作用关系及由此产生的人与人之间的相互关系都是二者研究的对象；二是研究的任务存在共性，控制与协调经济发展与自然资源之间的关系都是二者研究的任务；三是研究内容存在共性，资源的合理配置和高效利用都是二者研究的内容；四是研究目的存在共性，合理开发和利用自然资源，延长自然资源服务人类的年限都是二者追求的目标。

循环经济与资源经济学的区别主要体现在：一是内涵不完全相同，循环经济的内涵有广义与狭义之分，广义的循环经济是一种新的人类生存与发展模式，狭义的循环经济是一种新的经济运行模式，而资源经济学的内涵相对狭窄，更接近狭义循环经济的概念；二是研究对象不完全相同，循环经济研究的对象是能量和物质资源在生态系统、经济系统、社会系统内部及其系统之间合理循环流动，而资源经济学研究的对象主要是经济系统与自然资源系统的相互作用关系，属于循环经济研究对象的一个分支；三是研究内容不完全相同，循环经济不仅研究经济问题，而且研究社会问题和生态环境问题，研究的是经济系统、社会系统、生态系统三者之间的关系，而资源经济学主要研究的是自然资源的经济效益问题，研究的是经济系统与自然资源系统的相互作用关系；四是强调的核心不同，循环经济强调整个人类社会中资源合理高效利用和生态环境保护，强调经济系统、社会系统、生态系统自身的健康运行和系统之间的和谐统一，而资源经济学强调的是资源的合理开发和高效、可持续利用；五是追求的最终目标不同，循环经济追求的直接目标是资源高效利用和生态环境优化，最高目标是人类生活质量的逐步提高和生存年限的尽可能延长，而资源经济学追求的目标仅是提高资源开发和利用效率，尽可能延长自然资源服务人类的年限。

（二）循环经济与环境经济学的关系

环境经济学是一门以环境容量为基础，研究经济系统与环境系统的相互作用关系以及由此产生的人与人之间的相互关系的学科。它通过考察经济发展与环境保护之间的关系，评价经济活动的环境效益，并使这种效益转化为经济信息，反馈到国民经济平衡与核算中去，为正确制定经济发展战略和各项经济政策提供依据，为解决环境问题的方案提供可靠的经济依据。环境经济学研究的任务是正确地控制与协调经济发展与环境保护的关系，既要保证当代人的健康，又要为子孙后代造福，具体包括全面认识环境保护与经济发展相互之间的对立统一关系，研究实现经济发展与保护改善环境相互促进、共同发展的途径；全面认识经济活动对于环境的积极影响和消极影响，研究使经济活动符合自然规律和生态规律的要求，以最小的环境代价实现经济迅速增长的途径；全面认识环境保护和建设对经济建设的促进和制约作用，研究使环境保护和建设符合经济规律的要求，以最小的劳动消耗取得最佳环境效益与经济效益的途径。环境经济学研究的内容包括环境经济学的基本理论（社会制度、经济发展、科学技术、人口与环境保护的关系以及环境计量的理论和方法等）、社会生产力的合理组织、环境保护的经济效果、环境管理的经济手段等。

循环经济与环境经济学的联系主要体现在：一是研究的基础存在共性，环境容量均是二者研究的基础，强调在一定的环境容量下发展经济；二是研究的对象存在共性，经济系统与环境系统的相互作用关系及由此产生的人与人之间的相互关系都是二者研究的对象；三是研究的任务存在共性，正确地控制与协调经济发展与环境保护的关系，为当代人和后代谋福利是二者共同的任务；四是研究的内容存在共性，环境的保护与建设都是二者研究的内容；五是研究目的存在共性，经济系统与环境系统的和谐统一是二者追求的共同目标。

（三）循环经济与生态经济学的关系

生态经济学是一门研究经济系统与生态系统之间的相互作用关系以及由此产生的人与人之间的相互关系的学科。它研究的对象是经济系统和生态系统的有机统一体——生态经济系统的矛盾运动发展规律及其应用，它不是一般地考察生态系统和经济系统，也非简单的生态系统和经济系统的加总，而是研究生态系统和经济系统的内在联系，即内在的规律性。生态经济研究的任务在于建立一个理想的可持续发展的生态经济系统，即通过生态经济学的研究，促使建立一个兼顾较高经济效益又能进行良性生态循环的生态经济系统，既能保持持久繁荣又有一个满足人类生存和发展的良好环境。生态经济学研究的内容包括理论研究，即生态经济学的性质及学科体系，生态经济系统的结构、功能、目标及生态经济模型的理论，经济学中的资源配置理论和分配理论，生态学中的物质循环和能量流动理论，生态平衡与经济平衡、生态规律与经济规律、生态效益与经济效益的相互关系，生态系统的物流、能流、价值流与经济系统的物流、能流、价值流的关系，可持续发展理论研究以及技术系统在其中所起的作用研究等；应用研究，主要涉及各级政策的设计与执行、国家政策与立法、国际组织与协议的制定等；方法论研究，如环境经济学中解决环境外部性的经济方法、相关的法律方法、系统科学的方法、控制论方法等。

循环经济与生态经济学的联系主要体现在：一是研究的对象存在共性，生态经济系统的矛盾运动发展规律及其应用是二者共同的研究对象；二是研究的任务存在共性，建立一个理想的可持续发展的生态经济系统是二者共同的研究任务；三是研究的内容存在共性，物质循环和能量流动，生态平衡与经济平衡、生态规律与经济规律、生态效益与经济效益的相互关系，政策法规的制定，技术创新等都是二者共同的研究内容；四是研究的目的存在共性，促进人类的可持续发展是二者共同的研究目的；五是经济实质相同，二者都要求运用生态学和经济规律来指导经济活动，都是要使经济活动生态化；六是主要理念相同，二者具有共同的新的系统观、新的经济观、新的价值观、新的生产观、新的消费观。

循环经济与生态经济学的区别主要体现在：一是内涵不完全相同，循环经济涉及经济系统、社会系统、生态系统内部及其系统之间的和谐统一，而生态经济学主要涉及的是经济系统与生态系统的关系；二是研究的基础不完全相同，循环经济研究的基础是生态阈值和资源储量，而生态经济学研究的基础主要是生态阈值；三是研究对象不完全相同，循环经济研究的对象是生态系统、经济系统、社会系统的有机统一体，而生态经济学研究的对象是经济系统与生态系统的有机统一体；四是研究的任务不完全相同，循环经济的研究任务是维持经济系统、社会系统、生态系统内部及系统之间的和谐统一，而生态经济学研究的任务仅是经济系统与生态系统的和谐统一，范围要小于循环经济；五是研究内容不完全相同，循环经济不仅研究经济问题，而且研究社会问题和生态环境问题，研究的是经济系统、社会系统、生态系统三者之间的关系，而生态经济学研究的是经济问题和生态问题，即经济系统与生态系统之间的关系；六是强调的核心不同，循环经济强调的核心是整个社会的资源循环利用和生态效率，注重生产、流通、消费全过程的资源节约和高效利用，在资源不断循环利用的基础上谋求经济发展和社会进步，使生态经济原则体现在不同层次的循环经济形式上，而生态经济学强调的核心是经济与生态的协调，注重经济系统与生态系统的有机结合，强调生态系统的自然作用与宏观层次上经济发展模式的转变。

综上所述，循环经济与资源经济学、环境经济学、生态经济学既有密切联系，又有显著区别。资源经济学、环境经济学、生态经济学是循环经济的理论基础，但不能完全替代循环经济。循环经济是资源经济学、环境经济学、生态经济学共同深化发展的结果，循环经济一旦形成成熟的学科体系，将高于资源经济学、环境经济学和生态经济学，可以反过来引导这三门学科的发展。

四、循环经济发展模式的理论研究

（一）模式与范式的关系

1.模式的概念

模式是指某种事物的标准形式或使人们可以参照的标准样式。它是研究客观事物的理论图式和解释方案，是从不断重复出现的事件中发现和抽象出来的一种思想体系和思维方式，是解决某一类问题的方法论，也即把解决某类问题的方法总结归纳到理论高度。可见，模式是现实世界部分化、序列化、简单化和抽象化的代表。模式强调的是形式上的规律，而非实质上的规律，它是理论的简化形式，可以向人们提供客观事物的整体内容。

模式是一个系统的概念，它具有以下本质属性：一是模式是建立在特定基础上的一个整体，包含一系列基本要素，这些基本要素是模式赖以存在并发展的前提；二是模式内部各要素之间相互依存相互作用，共同使模式的结构处于不断的运动状态之中，推动模式不断创新和发展；三是模式整体不等于模式内部各要素之和，模式内部各要素功能的最大化并不等于模式整体功能的最大化，模式内部各要素存在着合理布局与协调相处的问题；四是模式整体对于外部的压力和内部各要素的反抗做出总的反应，对于来自内外两方面的压力，模式整体一方面可予以迅速反应，另一方面予以调节和疏导，使模式得以正常运行；五是每一个模式通过内部文化黏合剂的作用使之区别于其他模式，即模式具有独立性。

2.范式的概念

"范式"的概念是由美国著名科学哲学家托马斯·库恩在其代表作《科学革命的结构》一书中首先提出并用于科学史和科学哲学领域。范式是观察世界和实践科学的方法，是特定学科的一般研究人员所共同掌握的信念、价值、标准、技术手段等的综合体。

范式具有以下特点：一是范式在一定程度内具有公认性；二是范式是一个由基本定律、理论、应用以及相关的仪器设备等构成的一个整体，它的存在给科学家提供了一个研究纲领；三是范式为科学研究提供了可模仿的成功的先例。可见，范式归根结底是一种理论体系。

3.模式与范式的关系

模式与范式之间存在的关系：从局部与整体的角度看，模式孕育着范式，具有局部性的意义；范式涵盖了模式，具有整体性的意义。从形式与实质的角度看，模式不与个体直接相关，是形式上的存在物；范式却总与个体直接相关，是实质上的存在物。从方法与思维的角度看，模式仅指处置事件的方法，显现个体的行为特征；范式既包括处置事件的方法，又涵盖认识事件的思想，是一种理论体系，彰显群体的行动特征。从组分与系统的角度分析，模式往往非自成系统，同一模式可适用于不同范式的科学共同体，而范式则常常自成系统，同一范式仅适用于同一科学共同体。所以，模式更多地显现为一种形式上的规律，而范式更多地显现为一种实质上的规律，范式是一个在内涵上比模式更丰富的概念。

（二）循环经济发展模式的概念

如前所述，模式是某种事物的标准形式或是人们可以参照的标准样式。基于这一概念，可将发展模式定义为某种事物发展的标准形式或该事物发展中人们可以参照的标准样式。针对循环经济，可以将循环经济的发展模式定义为循环经济发展模式是指循环经济发展的标准形式，是人类在发展循环经济的长期实践中总结和抽象出来的推动循环经济发展的行为规范和运行标准。根据这一定义，循环经济发展模式是一个国家或地区发展循环经济的一切活动的基本方向和着力点，是协调生态系统、经济系统、社会系统内部及其系统之间关系的实践途径。

循环经济发展模式是一个建立在一定生态阈值和资源储量基础上的整体动态发展系统，这一系统包含着发展观念、发展理论、实施主体、政策制度、信息技术、市场机制等一系列基本要素，这些基本要素是模式得以存在和发展的前提。在循环经济发展模式的运行过程中，各基本要素不是独立地发挥作用，而是相互依存、协同作用，使其整体功能达到最大化，共同推动模式结构处于不断的运动状态之中。

（三）循环经济发展模式与其运行模式的关系

循环经济发展模式与其运行模式之间既有联系，又有区别，不能将二者简单地等同起来。

循环经济发展模式与其运行模式之间的联系主要体现在：二者的共同目的是资源利用最大化和环境污染最小化，进而实现人类生活质量的逐步提高和生存年限的尽可能延长；二者共同的建立基础是特定的生态阈值和自然资源储量，都是在一定的生态阈值内，追求有限自然资源的合理流动和高效利用；运行模式是发展模式得以构建的原理和基础，发展模式是运行模式的现实体现，二者相辅相成、缺一不可。

循环经济发展模式与其运行模式之间的区别主要体现在：从资源合理流动角度看，运行模式是目的，发展模式是手段；从强调的重点角度看，运行模式强调的重点是资源循环流动和高效利用，发展模式强调的重点是促进资源循环流动和高效利用的社会资源的整合和发展机制的建立与完善；从得以运行的基础角度看，运行模式得以运行的基础是资源，发展模式得以运行的基础是完善的机制。

（四）循环经济发展模式的影响因素

循环经济发展模式的建立与发展涉及社会资源的整合和发展机制的不断完善，其影响因素主要有人、政策、制度、科技进步、市场机制、全球化水平等，这些因素也是循环经济发展模式形成的基本条件。

1.人

人是循环经济最广泛的参与主体，也是循环经济发展模式的最基本的影响因素。循环经济发展模式的建立与发展首先需要人的发展观念、生活观念的彻底转变以及人的整体素质的提高，先进的发展观念、生活观念以及人的整体素质的提高能促使人们主动节约资源、循环利用废旧物品、制定和履行促进循环经济发展的政策与制度、进行技术创新等活动，相反，如果没有健康、先进的发展观念和生活观念，人们就会缺乏发展循环经济的意识和动力，更谈不上建立循环经济发展的模式。

2.政策

科学完善的政策体系能够为循环经济发展模式的运行创造良好的经济社会环境，政府通过制定循环经济发展规划、教育和宣传、倡导绿色消费、政府采购、示范试点、规范其他发展主体的行为、参与国际交流与合作等措施来推动循环经济发展。特别是在循环经济发展的初级阶段，循环经济发展的氛围不够浓厚，机制不够完善，循环经济的发展模式还没有建立，因此，各项政策对循环经济的发展的影响也显得尤为突出。在一定意义上，如果没有政策体系的推动，循环经济的发展将举步维艰。

3.制度

在一定的技术条件下，制度安排对循环经济发展具有决定性影响。不合理的制度安排对资源节约、综合利用及环境污染的预防和治理效果十分有限，也不利于循环经济发展机制的建立与完善，甚至会对循环经济的发展起到制约作用，如不合理的资源制度安排会导致资源环境问题进一步恶化。相反，合理有效的制度安排会直接促进循环经济的发展，如生产者责任延伸制度会直接提高废旧产品的回收利用率、资源有偿使用制度会有利于资源节约和高效利用、合理明晰的产权制度会引导有利于循环经济发展的市场机制的完善、科学规范的政府绩效考核制度会引导政府行为由重经济效益向经济效益与生态效益并重转变等。

4.科技进步

循环经济是以科学技术为先导的人类生存模式，其每一个原则的贯彻都离不开科学技术的支撑。减量化原则的贯彻需要通过技术创新提高资源的开采和利用效率，以最少的资源投入生产出让消费者最满意的产品；再利用原则的贯彻需要通过技术创新生产出可以重复利用的产品，并对产品的零部件进行标准化设计，当产品的生命周期结束后，其中的一些零部件还可再次利用；资源化原则的贯彻需要通过技术创新将废弃物转变为可以利用的资源，减少废弃物对环境的影响。而且，循环经济发展要求技术创新活动改变过去单纯追求经济效益的模式，逐渐向技术创新生态化方向发展，把生态化目标贯彻到整个技术创新的过程中，既追求经济效益也追求社会效益和生态效益。因此，循环经济的发展需要建立由替代技术、减量技术、再利用技术、资源化技术、无害化技术、系统化技术和环境检测技术共同构成的技术体系，共同为循环经济的发展提供技术支持。

5.市场机制

发展循环经济是一个庞大的系统工程，不仅需要政府强力介入和大力推进，更需要建立一个与之相适应的、完善的市场机制。完善的市场机制不仅要求将资源环境作为生产要素纳入市场运行当中，使资源环境的市场价格能够正确地反映其稀缺程度，而且要求各类自然资源在生态系统、经济系统、社会系统内部及其系统之间合理流动的渠道完全畅通，要求各发展主体在发展循环经济过程中获得的"收益"大于其付出的"成本"。因此，完善的市场机制是循环经济发展模式这台"机器"得以正常持续运行的"润滑剂"。尽管这种市场机制的建立不可能一蹴而就，但如果这种市场机制长期得不到建立和完善，循环经济的发展就不具有可持续性。

6.全球化水平

目前，循环经济的发展方兴未艾，已经深入人类社会的各个领域，成为一股世界性的潮流和趋势。随着全球化的进一步推进，各国政府、金融机构、科研机构、企业等在循环经济领域的交流与合作更加密切，彼此学习先进理论，总结成功经验，吸取发展教训，先进技术、设备、资金、人力资本等自由流动的渠道不断拓宽。通过交流与合作，实现经验交流和优势互补，从而促进了循环经济在全球范围内的快速发展。在全球化背景下，任何国家和组织单靠自身的力量发展循环经济是远远不够的，也违背了循环经济发展的本质要求。

第二节　循环经济发展模式的设计

选择具有本国特色的循环经济发展模式并持续推进、不断完善，是发达国家发展循环经济成功的一个重要经验。目前，我国循环经济发展还处于起步阶段，有必要在借鉴国外循环经济发展经验的基础上，分析我国循环经济发展现状，展望未来发展趋势，设计具有我国特色、适合我国国情的循环经济发展模式，以期凝聚社会各方力量，推动我国循环经济取得长足发展。

一、我国循环经济发展模式的设计目标

我国循环经济发展模式的设计目标是：

首先，通过设计循环经济的发展模式，明确我国循环经济发展的重点。在经济系统内部，改变原有的粗放式经济发展方式，引导企业实施清洁生产，企业与企业之间在市场机制和经济效益的基础上建立起密切的合作共生关系，形成分工明确、协作高效的精细化产业链条或产业网络，从而提高资源和产品的生产效率，减少投入经济系统的资源数量和从经济系统排出的各类废弃物的数量；在社会系统内部，使公众和中介组织的作用得到充分认可，建立和完善促进公众和中介组织发展循环经济的体制机制，调动公众和中介组织发展循环经济的积极性和主动性，建立废旧物品自由交换的现实与网络平台，实现废旧物品在社会系统内部的多次循环使用；在经济系统与社会系统之间，不仅要继续完善常规的从经济系统到社会系统的正向现代物流体系，而且要建立和完善基于循环经济的从社会系统到经济系统的逆向现代物流体系，实现资源和产品在经济系统与社会系统之间的合理、双向、高效流动。

其次，通过设计循环经济的发展模式，建立支持循环经济发展的体制机制。循环经济发展模式形成的过程也就是其体制机制建立与完善的过程，只有建立了完善的促进循环经济发展的体制机制，政府、企业、公众、高等院校与科研机构、中介组织等发展主体才能在既定的规则下按照循环经济发展的要求开展工作，各发展主体的行为才能得到规范，从而改变传统的行为模式，形成服务于循环经济的生存与发展模式。

最后，通过设计循环经济的发展模式，促进人类生活质量的不断提高和生存年限的尽可能延长，这也是设计循环经济发展模式的最高目标。科学合理的循环经济发展模式可以引导和规范循环经济各发展主体的行为，使他们按照循环经济的要求组织生产和生活活动，逐渐提高资源的利用效率，尽量减少人类活动对自然资源的使用数量和排放到生态环境中的废弃物数量，从而以较少的资源数量维持人类的正常活动并使生态环境得到不断优化，实现人类生活质量的不断提高和生存年限的尽可能延长。

二、我国循环经济发展模式的设计思路

循环经济发展模式的设计思路是：深刻认识发展循环经济的战略意义和紧迫性，总结和吸取国外循环经济发展的经验和教训，针对我国循环经济发展的现状，展望我国循环经济未来的发展趋势，不仅注重各类资源在经济系统内部的循环利用，而且注重各类资源和产品在社会系统内部的循环利用，以及资源、产品、废旧物品在经济系统与社会系统之间的循环利用，从而构建各类资源和产品在经济系统内部、社会系统内部、经济系统与社会系统之间高效循环利用的运行模式和运行机制。具体来讲，可以以丹麦的卡伦堡生态工业园模式为参照，以生态工业园为载体，以产业链或产业网为纽带，以清洁生产企业为节点，构建工业共生体系，推动各类资源在经济系统内部的合理循环和高效利用；以美国循环消费模式为参照，以家庭为基本单元，以持续宣传教育、政策制度的完善、网络技术水平的提高等为手段，以市场机制为主导，构建各类资源和废旧物品在社会系统内部高效循环利用的废旧物品交易中心及网络交易平台，推动各类资源和废旧物品在家庭单元之间的多次循环利用；以德国的双元回收系统模式和法国的行业协会推进模式为参照，以中介组织为媒介，以政府的鼓励与培育为动力，构建并拓宽产品和废旧物品在经济系统与社会系统之间的流通通道，推动产品和废旧物

品在经济系统与社会系统之间的合理、顺畅流通。

三、我国循环经济发展模式的设计原则

我国循环经济发展模式的设计应遵循以下基本原则。

（一）系统性原则

循环经济的发展不仅依赖于各类资源在经济系统的循环高效利用，更依赖于各类资源在社会系统内部的循环高效利用以及经济系统、社会系统与生态系统之间的和谐流动。经济系统、社会系统、生态系统各自本身就是一个复杂的系统，而由三大系统相互作用组成的地球系统更是一个复杂的庞大系统。在设计我国循环经济发展模式时，应该以经济系统、社会系统、生态系统组成的整体系统为对象，以科学的系统观为指导，以整体系统目标的最优化为准绳，统筹协调各子系统内部结构关系以及各子系统之间的关系，使系统完整、平衡、和谐，从而实现人类的可持续发展。

（二）实用性原则

我国循环经济发展模式的设计必须紧密结合我国的基本国情，针对我国循环经济发展的实际情况和未来发展趋势，探索适合我国国情的、具有我国特色的循环经济发展模式，而不能机械地照搬照抄国外的循环经济发展模式。这种发展模式不仅应具有科学性，而且应具有可操作性，模式的实施能够解决我国循环经济发展中的现实问题。

（三）顺应发展趋势原则

我国循环经济的发展需要经历一个起步、发展完善、成熟的复杂过程。在成熟阶段，企业、公众、中介组织将成为循环经济发展的主体，彼此之间协调统一、良性互动，循环经济发展的主动力将转变为人类健康的发展观念和完善的循环经济发展机制。届时，循环经济的运行模式实现了良性运转，人类的生活质量得到普遍提升。因此，在循环经济发展的起步阶段，在探索循环经济发展模式时，就应该顺应循环经济发展趋势，充分考虑循环经济的长远发展和发展模式的长期适用性。

（四）资源高效利用原则

循环经济的减量化（Reduce）原则、再利用（Reuse）原则、资源化（Recycle）原则都要求资源的高效利用。循环经济发展模式是对 3R 原则的具体实践，追求的目标之一就是资源的高效利用。在探索循环经济发展模式时不仅要注重经济系统内部的资源高效利用，而且要注重社会系统内部的资源高效利用，最终达到从生态系统获取资源数量的最小化和排放到生态系统的废弃物的危害最小化。

（五）生态环境友好原则

循环经济发展的出发点是因人类无节制活动对生态环境的破坏而引发的人类发展时空的逐渐缩小；发展的落脚点是保护生态环境，实现人与自然的和谐发展。因此，我国循环经济发展模式的设计应该从人类活动的每一个环节上都注重预防环境污染和生态破坏，而且应对已经破坏的生态环境进行再修复，最大限度地恢复生态环境的基本功能。

四、我国循环经济发展模式的设计依据

我国循环经济发展模式的设计不仅应以国内外循环经济理论研究成果为依据，而且应借鉴、吸取国外循环经济发展的经验和教训，正确面对我国自然资源相对短缺和环境污染日趋严峻的客观事实，在把握循环经济未来发展趋势的同时充分分析我国循环经济发展的现状及存在的问题。

（一）国内外循环经济理论研究成果是设计我国循环经济发展模式的理论依据

国外关于循环经济的理论研究已经形成宇宙飞船理论、清洁生产理论、工业生态学理论、聪明的产品体系理论、商业生态学理论、控制等同于失控的思想、自然资本理论、生态经济理论等成果，从多个视角阐述循环经济思想，从资源和产品的循环利用、源头预防污染物的产生、产品生态化设计、建立生态工业园区、生产者责任延伸、技术创新、政府推动等视角来研究发展循环经济的理论途径。国内专家学者从经济学、法学、生态学、环境伦理学、系统工程学、哲学等视角对循环经济做了大量理论研究，研究的焦点主要集中在我国发展循环经济的

战略意义、循环经济的基本理论（包括循环经济的概念、本质、原则、特征、理念，循环经济发展的主体、动力，循环经济与相关学科的关系等）、循环经济的理论基础、循环经济的研究方法、循环经济发展的评价体系、循环经济发展的模式选择、循环经济发展的主要障碍、循环经济发展的对策建议等方面。国内外关于循环经济的这些理论研究成果都将对我国循环经济的发展具有指导作用，也是本书设计我国循环经济发展模式的理论基础。

（二）国外循环经济发展的成功经验与存在的不足是设计我国循环经济发展模式的经验依据

国外在发展循环经济方面起步较早，成效显著，经验丰富，且形成了具有本国特色的发展模式，对于促进国外经济可持续发展和优化生态环境起到了积极作用，这些成就为我国循环经济描绘了广阔的发展前景，也为我国循环经济发展模式的设计提供了难得的经验借鉴。同时，我们可以看出，国外循环经济的发展主要源于废弃物处理和资源的回收利用，发展的背景和历程决定了国外循环经济基本上都是一种被动的末端治理模式，是一种不完整的循环经济，存在其历史的局限性。我国循环经济发展还处于起步阶段，但其发展的必要性和紧迫性决定了我国不能走发达国家的老路，不能将循环经济的发展局限于废弃物处理和资源的回收利用上，必须紧密结合我国国情，运用循环经济的最新理论研究成果，坚持高起点、高要求、高效益的"三高"原则，建立具有我国特色的循环经济发展体系，形成适合我国国情的循环经济发展模式。

五、我国循环经济发展模式设计的实践探索

目前我国循环经济的发展模式逐渐引起各界的关注，现有的六种研究成果都有其合理的一面，但在实际操作中又有其自身的局限性。

（一）"3+1"模式①

我国循环经济发展与实践依然存在着一系列问题：一是偏重于循环经济再生产领域的发展，轻视了其在流通和消费领域的发展；二是仅将企业作为循环经济

---

① "3+1"模式即大、中、小循环和资源再生产业。

发展的主体，忽视了政府、公众及其他主体的力量；三是以工业产业为主，忽视了循环经济在其他产业的发展；四是在企业层面仅注重"典型企业和大型企业"的清洁生产和自身的物质循环，缺乏从产业发展视角考虑循环型企业的普遍建立，在产业链上实现大小企业联动发展；五是"在区域层面建立工业生态园"的提法仍需细化，"区域"的范围如何界定，多大的地理区间才能称为循环经济发展的"区域"，一个区域内只能有一个工业生态园还是可以有多个，这些都没有界定清楚；六是在社会层面重点进行循环型城市和省区的建立，这里的"社会层面"指的是"城市和省区"，而城市和省区也是一个区域，这与区域层面循环经济的发展容易产生曲解，而且这一层面的循环经济发展依然没有切实、有效的具体思路和措施；七是"建立废物和废旧资源的处理、处置和再生产业"仅考虑到废物和废旧资源从消费领域到生产领域的回收再利用，而忽视了这些资源在消费领域的循环利用。可见，一些地方在循环经济发展模式的实践上存在许多不足之处，不能适应我国循环经济发展的现实需求和未来发展趋势。

（二）"双系统循环共生模式"

1. "双系统循环共生模式"的内涵

在借鉴国外循环经济发展经验，分析我国循环经济发展现状及趋势的基础上，我国学者李伟提出了我国循环经济发展的"双系统循环共生模式"[①]。

在"双系统循环共生模式"中，"双系统"是指经济系统（包括资源、产品的生产和再生产）和社会系统；"循环"是指经济系统中各企业内部及企业之间、社会系统中各家庭之间、经济系统与社会系统之间的物质循环；"共生"是指经济系统内部各企业之间、社会系统内部各家庭之间以及经济系统与社会系统之间和谐共赢、共同生存，最终实现人与自然的和谐共生。

2. "双系统循环共生模式"的内容

在经济系统内部，根据资源禀赋与产业特征，重点新建特色生态型产业园区或将现有产业园区改造为特色生态型产业园区。

一是在园区内积极推广清洁生产，各企业站在主导产业发展的角度，从生产设计、能源与原材料选用、工艺技术与设备维护管理等社会生产和服务的各个环

---

① 李伟.我国循环经济的发展模式研究[D].西安：西北大学，2009：68.

节实行全过程控制，从源头消减污染，提高资源利用效率，减少或者避免生产、服务和产品使用过程中污染物的产生和排放，以减轻或者消除对人类健康和环境的危害，促进资源的循环利用，实现经济效益与环境效益的统一，将自身打造为产业链上的循环型企业。

二是在园区内的企业群落中，选择使用和传输的物质最多、能量流动规模最大、对其他企业与行业具有牵制和带动作用的企业为关键种企业，以关键种企业为核心，模拟自然生态系统食物链，构建生态型产业链、产业树甚至产业网，使上游企业的废弃物成为下游企业的资源与原料，通过资源的闭路循环和多级利用，达到资源利用最大化和废弃物排放最小化的目的。

三是在园区的系统集成中，以3R原则为指导，通过企业内和企业间物质集成、能量集成、废水集成、信息集成，提高园区内的资源共享与产业集群化水平。

四是在园区内开辟专门的实验研究区域，产、学、研按照工业生态学的原理，共同研究资源（产品）开发技术、废弃物处理技术、再利用技术和环境污染物质合理控制技术，使技术在园区内以技术链的形态、以相互依存的方式存在，为企业开展废弃物再生、循环利用提供技术支持。

五是依据流程再造理论，加强园区总体管理与规划，各企业按照生产工序和物料流程集中布点，实现"项目设计一体化、公用工程一体化、物流传输一体化、环境保护一体化"。在社会系统内部，建立废旧物品的市场交易平台，完善市场交易机制，如通过开办专业报纸、专业网站、积极发展废旧物品交易市场等途径，使家庭之间或各家庭通过废旧物品交易市场实现循环消费。在经济系统与社会系统之间，从企业的角度，建立并完善生产者责任制度，使生产商应承担的环境责任，不仅要体现在产品的生产过程之中，还要延伸到产品的整个生命周期，特别是产品废弃后的回收和处置；从整个社会角度，在政府引导下，充分发挥行业协会的作用，由行业协会组织协调，在各行业建立类似于德国的双元回收系统（DSD），实现废旧物品从消费系统回流到生产系统的渠道畅通。

3. "双系统循环共生模式"的特征

我国循环经济发展的"双系统循环共生模式"具有以下特征。

（1）以市场为主导

"双系统循环共生模式"是在市场经济主导下的发展模式，市场机制在循环经济发展过程中占主导地位，政府及行业协会主要扮演引导和服务的角色，企业和公众共同组成循环经济发展的主体，它们在遵循市场规则的前提下开展活动。

（2）合理借鉴国外经验

"双系统循环共生模式"是在借鉴国外三种典型发展模式的基础上形成的，其中，经济系统的运行是以丹麦的生态工业园模式为参照，社会系统的运行是以美国的循环消费模式为参照，在经济系统与社会系统之间是以德国的双元回收系统模式为参照，它是国外三种典型发展模式的有机结合。

（3）资源多重流动

"双系统循环共生模式"是一种主动的全面发展模式，不仅注重资源和能量在经济系统的循环，而且注重其在社会系统的循环以及经济系统与社会系统之间的循环，废旧物品和资源在社会系统得到充分循环利用后才返回到经济系统。

（4）产业优化升级

"双系统循环共生模式"从产业优化升级的视角建立和完善生态型产业园区，园区内各成员企业都是产业链上必不可少的节点企业，这些企业自身都必须是循环型企业，园区内企业不是简单的聚集，而是具有明确的社会分工，是一个整体的产业集群。

4."双系统循环共生模式"的优点

我国循环经济发展的"双系统循环共生模式"与国外循环经济发展的典型模式以及国内理论界讨论的模式相比，具有以下优点。

（1）更具有科学性

我国循环经济发展的"双系统循环共生模式"不仅借鉴了国外循环经济发展的典型模式，如美国的循环消费模式、德国的双元回收系统模式、丹麦的生态工业园模式以及法国的行业协会模式，而且以国内外循环经济理论研究成果为依据。与国外的循环经济发展模式及国内现有理论模式相比，该模式更具有科学性。

（2）更具有全面性

"双系统循环共生模式"不仅涉及经济系统，而且涉及社会系统以及经济系统与社会系统之间的关系，在发展领域方面更加全面。不只注重企业在发展循环经济中的作用，而且注重政府、企业、公众、中介组织、高等院校与科研机构等发展主体综合作用的全面发挥。

（3）更注重机制的重要作用

"双系统循环共生模式"的设计以及支持系统的构建，从促进循环经济发展的环境和动力角度来讲，其最终目的是建立健全促进我国循环经济发展的有效机制，促进市场作用和政府行为的密切结合、良性互动，各循环经济发展主体在既定的规则下按照市场机制发挥其作用。

（4）更适应我国循环经济发展的实践

尽管我国循环经济研究自20世纪90年代发展到现在，已经取得了一系列成果，但依然存在着理论研究相对滞后、不少主体发展循环经济的成本很高等一系列障碍。"双系统循环共生模式"的设计与运行，将有助于进一步巩固和拓展循环经济发展成果，解决我国循环经济发展中出现的一系列问题。因此，该模式更能适应我国循环经济发展的实践，在一定程度上是对现行模式的修正与完善。

5. "双系统循环共生模式"的形成条件

我国循环经济发展的"双系统循环共生模式"的形成应具备先进的发展观念、先进的科学技术、科学合理的政策制度、完善的市场机制四大基本条件。

（1）先进的发展观念

观念决定行为，思路决定出路。政府、企业、公众、高等院校与科研机构、中介组织等循环经济的发展主体，只有扬弃传统的发展观念，培育和形成适应时代发展的新的发展观念，并在实践过程中以不断否定、创新，再否定、再创新的螺旋式发展，才能与时俱进。因此，循环经济发展的"双系统循环共生模式"的形成需要各发展主体通过不断地否定再否定的观念创新，以最先进的发展观念提高其发展循环经济的积极性、主动性、创造性，并按照循环经济发展的要求来组织生产和生活活动。

（2）先进的科学技术

众所周知，循环经济发展是以科学技术为先导的，循环经济的发展为科学技术创新提供了更广泛的需求，没有先进的科学技术的支持，循环经济是寸步难行的，甚至是不可能实现的。因此，为了促进我国循环经济发展的"双系统循环共生模式"的形成，必须针对资源开采、资源消耗、废弃物产生、资源再生、无害化处理等每个环节，研发能够促进资源高效利用和减轻环境污染的高新技术。当然，科学技术是一把"双刃剑"，我们在充分发挥其积极作用的同时，应从技术创新开始就尽量减少或避免技术应用带来的负面效应，对于在应用过程中不可避免地产生负面效应的新技术，应积极研究解决这些负面效应的合理方案，这一点在以往的技术研发及技术应用过程中常常被忽视。

（3）科学合理的政策制度

在循环经济发展的第一、第二阶段，政府都是发展的主体。在第一阶段，政府出台的各项政策制度是循环经济发展的主动力；在第二阶段，各项政策制度是循环经济发展的协动力。可见，政策制度体系在循环经济发展中具有举足轻重的作用，科学合理的政策制度体系能够有效促进循环经济发展，不合理的政策制度体系不但对循环经济发展起不到应有的促进作用，反而会抑制循环经济的健康发展。因此，科学合理的政策制度体系是我国循环经济发展的"双系统循环共生模式"得以形成的重要条件，通过各项政策制度的制定与完善，可以建立起促进循环经济发展的体制机制，进而形成一种各发展主体共同遵循的发展模式。

（4）完善的市场机制

尽管循环经济发展模式不能仅凭借市场的力量构建，特别是在循环经济起步阶段，没有政策和制度的推动是万万不行的，但如果没有运作规范、有效的市场机制的支持，这些政策和制度也将难以发挥应有的作用，循环经济发展的"双系统循环共生模式"也没有形成的可能。一个适应循环经济发展的、完善的市场机制可以将资源环境作为生产要素纳入市场运行中，使资源环境的市场价格能够正确地反映其稀缺程度，并通过价格机制、供求机制、竞争机制的调节，逐渐引导和规范循环经济发展主体的行为方式，强化其发展循环经济的动力，并按照循环经济发展的要求，以利益为纽带将各发展主体联合起来，共同推动资源在经济系统、社会系统、生态系统内部及其系统之间的优化配置和循环利用。因此，我们在设计和建立我国循环经济发展的"双系统循环共生模式"时，在重视政府作用的同时，还应充分重视市场机制的积极作用，将市场机制与政府行为有机结合起来。

第三节　循环经济发展模式的支持系统

我国循环经济发展不仅需要构建具有本国特色的发展模式，而且需要围绕该模式，构建全方位支持其运行的支持系统。从国外循环经济发展的经验和我国循环经济发展的实践来看，建立并不断完善循环经济发展的支持系统，已成为我国循环经济发展的当务之急。

一、我国循环经济发展模式的支持系统设计

（一）我国循环经济发展模式的支持系统设计的原则

我国循环经济发展模式的支持系统设计应坚持以下原则。

1.科学性原则

支持系统的设计应将国内外循环经济理论研究成果与我国循环经济发展的实践相结合，以循环经济以及相关理论为指导，针对我国循环经济发展中的障碍和未来发展趋势，并借鉴国外循环经济的实践经验，设计科学合理的支持系统。

2.全面性原则

循环经济的发展涉及经济系统、社会系统、生态系统内部以及其系统之间的和谐运行，仅仅依赖其中的某一个系统的运行是远远不够的。因此，支持系统的设计中不能顾此失彼或厚此薄彼，而必须全面、统筹考虑三大系统及其系统之间的运行，构建的支持系统在实践中应能推动三大系统内部及其系统之间的良性运行。

3.系统性原则

支持系统的各构成要素之间具有层次性和内在的逻辑联系，共同组成一个层次关系明确的、协同作用的有机整体。在设计支持系统时，应注重各要素之间的内在和谐统一，尽量避免相互矛盾或冲突现象发生。

4.可操作性原则

支持系统设计的目的是推动我国循环经济发展模式在实践中得以运行，因此，支持系统中每一个要素的选择、构建都应考虑到其实践操作性，缺乏操作性的支持要素不具有现实意义。

（二）我国循环经济发展模式的支持系统的构成要素

围绕我国循环经济发展模式的形成条件，我国循环经济发展模式的支持系统应为由理论支持、政策支持、制度支持、技术支持、舆论支持五大构成要素组成的有机整体。其中，理论支持包括为鼓励和促进循环经济理论创新而进行的课程设置、权威教材编写、成果展示平台建设、教学基地建设、国际交流等活动；政策支持包括为促进循环经济发展的财政政策、税收政策、金融政策、产业政策、科技政策、贸易政策等；制度支持包括鼓励和引导循环经济发展的法律制度、发展规划制度、资源环境产权制度、生产者责任延伸制度、资源回收奖励制度、绿色产品标识制度、试点示范制度、绿色政绩考核制度、押金退还制度、绿色国民经济核算制度、信息公开制度等；技术支持包括为支持循环经济发展的清洁生产技术、替代技术、减量化技术、再利用技术、资源化技术、无害化技术、系统化技术、环境检测技术等方面的研发和创新；舆论支持是指通过学校教育、在职培训、大众媒体宣传、公益教育活动等措施，激发全民参与循环经济发展的主动性、积极性。

二、支持系统对我国循环经济发展模式的作用机理

我国循环经济发展模式是由理论、政策、制度、技术、舆论等共同支持的一个动态的、系统的有机整体，各支持要素在我国循环经济发展模式建立和运行过程中各司其职、协同作用、和谐发展，共同推进我国循环经济的发展。

（一）理论支持对我国循环经济发展模式的作用机理

我国循环经济的发展离不开理论支持，而循环经济发展模式作为一个复杂的系统，其构建与运行更不能盲目，更需要理论的指导。理论支持主要体现为通过循环经济课程设置、权威教材编写、成果宣传平台建设、教学基地建设、国际学术与人才交流等活动，促进循环经济理论创新。循环经济理论主要通过三个渠道

来支持其发展模式的运行：一是理论的创新与持续宣传能够促使人们加深对循环经济内涵的理解，认识到发展循环经济的必然性和紧迫性，逐渐转变发展观念，重新认识人与自然的关系，从而影响人的生活和生产活动，提高全民发展循环经济的主动性和积极性；二是循环经济理论能够指导关于循环经济发展的财政、金融、税收、产业、科技、贸易等政策的科学制定与有效实施，先进的循环经济理论能够指导有关部门制定出科学的、符合实际的发展政策，而滞后的循环经济理论使政府在制定循环经济发展政策时处于盲目状态，制定的政策往往缺乏针对性，在实施中也难以达到预期效果；三是循环经济理论能够指导关于循环经济发展的各项制度的制定，各项行之有效的制度是循环经济发展模式得以建立和良性运行的根本保障，先进的循环经济理论能够剖析循环经济发展模式建立和运行的制度缺陷，进而指导相关部门及时填补制度空白和完善现行制度。正是由于循环经济理论的核心指导作用才能促使循环经济发展的各项制度构成一个制度体系，如果没有先进的循环经济理论的指导，一个科学合理的制度体系将难以建立起来。正是由于循环经济理论对实践的指导作用，才能使人的生活和生产活动、政策制度的制定都能紧密围绕循环经济发展模式的构建与长远运行展开，达到事半功倍的效果。

（二）政策支持对我国循环经济发展模式的作用机理

循环经济追求的是自然资源的高效利用和生态环境的保护与修复。然而，自然资源和生态环境具有公共产品的属性，仅仅依靠市场机制难以保障这类公共产品的合理高效配置。而且，由于循环经济思想的前瞻性和长远性，在循环经济发展初期不是每个主体都能够深刻理解并主动实施，这就要借助于政府的政策来推动循环经济的发展。因此，在循环经济发展的很长一段时间内，都必须依靠政府的干预，借助于合理的财政政策、税收政策、金融政策、产业政策、科技政策、贸易政策等，来构建循环经济发展模式，以最大限度地减少人类活动的负的外部效应。

在循环经济发展的起步阶段，发展主体往往面临着"循环"而不"经济"，不"循环"反而"经济"的成本困境，特别是企业在发展循环经济初期需要大量的资金投入，收益不明显（甚至为负收益）或投资回收周期太长，而科学完善的财政政策不仅能够为循环经济发展直接投入大量资金，而且对企业生产和居民消费起到很大的鼓励、导向作用。税收政策可以从经济活动的输入端、过程中以及输出端进行调控，在输入端和输出端，通过开征新税种或调节现有税种，限制自然资源开发和废弃物直接排放；在过程中，通过适当的税收优惠，鼓励不可再生资源的循环高效利用和替代资源的研发。金融政策通过完善银行功能、创新金融制度、创新金融产品和业务、创新金融组织、完善现代资本市场、开发环境金融产品并形成合适的金融产品结构，为循环经济的推进提供充足的资金支持。合理的产业政策通过影响产业结构、产业组织、产业布局以及产业技术，促进产业结构、产业组织、产业布局以及产业技术的优化和发展，而产业结构、产业组织、产业布局以及产业技术的发展将促进整个产业的优化升级，实现自然资源在整个产业链条上的循环高效利用，从而对循环经济发展产生积极的推动作用。循环经济是以科学技术为先导的发展方式，在循环经济发展的每一个环节都需要技术的支持，完善的科技政策体系是循环经济技术研发的动力，通过制定科技规划、增加科技投入、合理规划科技活动结构、优化科技管理组织、完善科技教育机制等措施，促进支持循环经济发展的技术创新。贸易政策通过为发展循环经济的企业提供适当贸易优惠政策，鼓励其产品的出口，而对依然秉承粗放式生产方式的企业的产品出口加以限制，从而引导企业发展循环经济，生产绿色产品，实现资源利用效率最大化和环境污染最小化。

科学完善的政策体系对循环经济发展模式的构建起着不可低估的推动、促进作用，而不合理的政策体系却会阻碍、延缓循环经济发展模式的构建，带来沉重的负面、消极后果。因此，在构建循环经济发展模式过程中，要充分重视政策制定的科学性和政策体系的内部协调性，努力将政策体系的支持作用发挥到最大。

（三）技术支持对我国循环经济发展模式的作用机理

技术创新是构建循环经济发展模式的决定性因素，没有技术创新的支撑，循环经济发展模式将成为"空中楼阁"，只有在科学技术上取得了突破性进展，循环经济发展模式才能建立起来并逐渐完善。因此，建立完善的技术支持体系是构建循环经济发展模式的必然要求。

技术支持主要通过三个方面对循环经济发展模式的构建和运行发挥促进、支持作用。首先，科技进步促使产业结构优化升级。科技进步通过改进生产工具、提高劳动者技能和素质、改变劳动对象的状况、利用科学的管理等途径提高劳动生产率，降低了企业的生产成本，改造了传统产业结构，延长了产业链条，从而有利于企业推行清洁生产，有利于推动生态工业园区的建设，使资源在较为完善的产业链条上被多级重复利用。而且，科技进步有利于促进环境产业的长远发展。其次，科技进步能延长自然资源的服务年限。在面临资源由短缺逐渐走向枯竭的压力时，科技进步不仅可以使资源的利用效率成倍提高，而且使人类可利用的资源的种类和数量明显增加，从而延长了自然资源服务人类发展的年限。最后，科技进步能保护和改良生态环境。保护和改良生态环境是构建循环经济发展模式的目标之一，而实现这一目标的有效途径就是大力发展科学技术，减少废弃物的排放量，分析环境污染物的成分及浓度，提高人类修复生态环境的能力。例如，环境化学和分析化学的产生使得人类能够更好地认识环境污染物中的有害物质，从而找到治理方法；生物技术、新能源、新材料技术等的发展为人类提供了修复和改良生态环境的手段。

可见，科技进步既能够大大提高资源利用效率，降低资源消耗，显著减少废弃物排放，并对废弃物进行无害化处理后才排放到自然界，而且能够对生态环境的污染起到预防和改良作用。然而，发展循环经济对科技进步提出了更高的要求，被赋予了生态化的新内涵，要求依据自然界有机循环原理，运用以生态为中心而非效益为中心的技术，使不同技术之间、不同企业之间、不同产业之间形成相互依存、协同作用，形成类似于自然生态系统的技术生态系统。

（四）舆论支持对我国循环经济发展模式的作用机理

发展循环经济是一项全社会共同参与的事业，不仅依赖于政府的推动，更依赖于企业及广大社会公众的参与意识和参与能力。然而，由于循环经济思想具有前瞻性和长远性，循环经济是以观念先行为特征的发展模式，在实践中并不是每个发展主体都能够深刻理解并主动实施它，这就需要舆论的支持。

舆论支持主要通过开展学校教育、在职培训、大众媒体宣传、网络宣传、公益教育等宣传教育活动，向全社会传播循环经济基本理论知识，宣传我国的资源环境状况，宣传国家关于发展循环经济的政策预期、法律法规和标准规范，表彰学习先进典型和成功经验，揭露和批评严重浪费资源、污染环境的案例，把培育循环型社会的价值观念、生活方式、消费行为同建设精神文明有机结合起来。通过长期的宣传教育，逐渐强化全社会对发展循环经济的重要性和紧迫性的认识，增强全社会的资源忧患意识和保护环境的责任意识，树立起循环经济的发展理念，改变传统的生产、生活方式，建立起适应循环经济发展的新的行为模式。如政府政策和发展规划的制定更多地将资源和环境因素考虑在内，从长远角度考虑，减少短期行为、政绩工程，并为循环经济发展提供必要的支持与引导；企业进行循环经济技术创新，主动实施清洁生产，在政府引导下，以生态工业园为载体，建立企业之间在循环经济领域的利益共同体；公众能够自觉购买使用资源节约型材料制造出的消费品，在各类场合节约使用水、电、纸张等资源性产品，通过网络和现实市场进行废旧物品交易，主动进行垃圾分类归集，将所有的包装物和废弃物按规定渠道使之得以回收。总之，舆论可以引导人们转变传统资源环境观念，改变传统生产、生活方式，形成新的行为模式，以每一个主体的切实行动支持循环经济的发展。

三、我国循环经济发展模式支持系统的内部作用机理

如前所述，我国循环经济发展模式的支持系统由理论支持、政策支持、技术支持、舆论支持四大要素构成，但这四大要素在支持循环经济发展模式构建中不是独立地发挥作用，而是相互依存、相互影响、协同作用，共同为循环经济发展模式的构建提供系统的支持。

理论创新为政策的制定与实施、循环经济技术创新、适应循环经济发展的市场机制的建立与完善提供了理论指导，使政策、技术都按照循环经济的要求制定和运行，同时，理论支持还是舆论宣传的一大主要内容，对推动各发展主体转变观念、改变行为模式具有重要作用。

政策是推动循环经济理论运用于实践的重要手段，它通过引导和规范循环经济发展主体的行为，激发发展主体的创新精神，研发和创新推动循环经济发展的高新技术，满足循环经济发展模式运行的技术需求。此外，政策能够规范和引导舆论对循环经济的宣传行为，同时政策本身也是舆论宣传的重要内容。

技术创新是对循环经济理论的具体实践，反过来又为循环经济的理论创新提供现实依据。技术支持需要相关政策、制度的鼓励与支持，由于循环经济是以技术为先导的，所以技术水平在很大程度上决定着循环经济发展的水平，而循环经济发展的不同水平需要与之相对应的政策的支持，因此，技术支持间接地成为政府制定各项政策的实践借鉴。

舆论的主要功能是宣传、引导，它通过向全社会宣传循环经济基本理论知识，宣传发展循环经济的政策、法律法规和标准规范，宣传循环经济发展过程中的技术需求等，促进循环经济发展主体观念和行为方式的转变，引导循环经济技术创新的方向及重点。

四、我国循环经济发展模式支持系统的构建

（一）理论支持

我国作为一个新兴工业化国家，发展循环经济已成为一种战略选择。需要建立广义的循环经济理论，把人口、资源、环境、经济、社会等因素纳入循环经济理论体系，构建完全意义、具有广泛理论价值和实践指导意义的循环经济理论体系。具体需做好以下几方面工作。

首先，广泛开设循环经济课程。在《全国普通高等院校本科专业目录》的经济学类中增设"循环经济"专业，在部分理工科本科专业开设循环经济选修课程，同时在有经济学硕士点、博士点的院校增设循环经济硕士点、博士点，培养循环经济领域的高端人才。

其次，编写循环经济权威教材。目前，国内关于循环经济的著作数量较少、内容重复较多，还不足以作为普遍意义上的循环经济教材。因此，应组织编写多层次的循环经济权威教材，在广大高等院校推广使用。

再次，办好学术界公认的循环经济权威刊物，提供理论研究的公共平台。同时，鼓励现有一流学术期刊尽可能多地刊登循环经济论文，为循环经济理论创新提供更多平台。

最后，建立循环经济教学基地。鼓励循环经济试点企业、国家生态工业示范园区与高等院校的人才对接，企业和示范园区作为高等院校循环经济专业的教学基地，高等院校为企业和示范园区培养循环经济的专业人才。

（二）政策支持

1.财政政策支持

循环经济发展模式的财政政策支持包括财政直接投资政策、财政购买政策和财政补贴政策三种类型。

（1）实施财政直接投资政策

一是投资于废旧物品交易中心建设。在循环经济发展模式中，废旧物品在社会系统中的循环多次利用不仅需要通过机制的建立与完善加以推进，而且需要现实的废旧物品交易中心，它是废旧物品在社会系统循环利用的载体，但这一载体仅靠市场机制是难以建立的。因此，需要政府划拨相应资金，进行科学规划，建立现代网络技术支撑的废旧物品交易市场，定时发布交易物品信息，为公众提供废旧物品的购销服务。

二是投资于循环经济发展的配套公共设施建设。循环经济发展的配套公共设施作为一种公共产品，需要政府供给，如大型水利工程、生态型产业园区、生态农业基础设施、城市地下管道、交通道路等的规划与建设。

三是投资于企业生产设备。一般来讲，企业的生产是按照市场经济规律运行的，政府不予以干预。然而，对于从传统生产经营模式向发展循环经济转变的过渡阶段，需要投入大量的资金用于购买先进生产设备，多数企业难以承担，即使勉强购买，投资收益周期太长，使得企业的积极性不够。因此，对于具有发展循环经济潜力和基础的企业，政府应该从财政上以股份的形式提供资金支持，并在数年内（如3年）政府不分红，规定年限以后分期享受分红并逐渐退出资金。

四是投资于生态环境保护与建设。生态环境保护与建设是一项以政府为主导的公益性活动，需要政府多方面的支持，特别是财政资金的支持。政府应在财政支出中增列"生态环境保护与建设支出预算"科目，安排专项资金，专门用于一些公益性很强的环境保护基础设施建设、生态改善与修复、跨区域重大污染综合治理等方面的投资任务。

五是投资于科技进步。设立促进循环经济理论创新和实践发展的课题，为循环经济理论创新、循环经济发展规划制定、循环经济技术创新等活动提供资金支持。

（2）实施财政购买政策

一是优先购买利用高新技术生产的绿色产品。这部分产品是在循环经济思想指导下，借助于高新技术生产出来的，不仅能满足人们的日常需要，而且环境污染小、使用功能退化后方便回收再利用，但上市时间短、生产规模小、生产成本和市场价格高，一般消费者难以承担，需要政府优先采购。

二是优先购买节约型产品。政府在采购中应对有利于节约能源、节约用水、节约用材等符合循环经济要求的产品，如节能家电、新能源产品、节水型设备等实行优先购买。

三是优先购买循环型企业生产的产品。我国已着手国家级循环经济试点企业培育工作，各省市也在着手培育循环经济试点企业，各级政府在采购时应优先购买这些试点企业生产的产品，推动试点取得成功。

四是优先购买资源循环再生产品。废纸、废塑料、废金属等产品回收后可以实现再生利用，生产出可供人们再次使用的产品，政府在采购中应规定这些利用再生材料生产的产品的最小购买比例。通过政府的购买行为，引导公众的消费倾向，以消费带动生产，进而引导企业的生产方向，形成经济系统与社会系统的互动发展。

（3）实施财政补贴政策

一是价格补贴。对于利用高新技术生产的产品，销售价格一般高于同类可替代产品的市场价格，政府应对这部分产品给予补贴，并规定其销售价格接近于同类可替代产品的市场价格；对于利用废旧资源生产的产品，销售价格一般低于同类可替代产品的市场价格，政府也应给予补贴，使其实际价格接近于同类可替代产品的市场价格。通过对两类产品的价格补贴，不仅鼓励企业发展循环经济，同时也对依然秉承传统生产经营方式的企业间接施加了压力。

二是重大循环经济项目补贴。对于企业的重大循环经济项目，一般企业是难以承担的，政府应给予适当的财政补贴或贷款贴息，缓解企业发展循环经济的成本压力。

三是税前还贷。对于发展循环经济的企业，政府在计算其所得税时，将应当归还的贷款从纳税基数中扣除。

四是加速折旧。对能够取得明显经济效益和社会效益的节能设备、无污染或少污染的设备进行加速折旧。企业为提高资源综合利用效率而采购的先进设备，税务机关在审核后允许其加快设备的折旧速度，从而鼓励企业更新改造旧设备。

2.税收政策支持

税收政策应在资源开采环节、资源消耗环节、废弃物产生环节、资源再生环节、消费环节对生产生活活动进行调控，鼓励和约束各主体发展循环经济。

（1）在资源开采环节，改革和完善资源税

一是扩大资源税征收范围。在现行资源税的基础上，将那些必须加以保护、开发和利用的资源列入征收范围，如水、土地、草原、森林、野生动植物、地热等自然资源，并按其外部成本、稀缺程度及经济社会效益等因素确定单位税额，从而限制对各类自然资源的过度开采或低效开采，从源头上减少对生态的破坏。

二是完善计税依据。对于矿产资源，由现在的按企业产量征收改为按划分给企业的资源探明储量征收，并根据企业在开采资源过程中对生态环境的破坏及修复程度加以增减调整；对于其他资源，按资源开采数量征收，并根据企业在开采资源过程中对生态环境的破坏及修复程度加以增减调整。

三是提高征收标准。在理顺资源价格体系的同时，适当提高资源税的征收标准，特别是对非再生性、非替代性、极为稀缺的资源应课以重税。

四是鼓励利用替代资源和可再生资源。对生产替代资源和可再生资源的企业及个人给予各项税收优惠，鼓励替代资源和可再生资源的生产，减少不可再生资源，特别是稀缺资源或污染严重资源的开采。

（2）在资源消耗环节，改革和完善所得税、增值税

在所得税方面，对于循环型企业和生产节能、节水、环保等与循环经济相关的产品设备的企业，适当降低所得税税率，延长优惠期限；对于从事循环经济技术研发的技术人员，适当降低所得税税率或提高个税起征点；对于从事为生产资源节约型产品服务的技术转让、技术服务、技术培训、技术承包、技术咨询等活动的单位和个人，所得收入可免征或减征企业及个人所得税。在增值税方面，加快推进全国范围内由生产型增值税向消费型增值税的转型；选定一批节约效果显著但因市场价格过高制约其推广的重大节能、环保设备和产品，在一定期限内实行增值税减免政策；为促进企业实施清洁生产，对其所购买的清洁生产设备实行增值税减免政策。

（3）在废弃物产生环节，征收环境保护税和绿色关税

在环境保护税方面，一是征收污染性产品税，即对在生产、消费或处理过程中污染严重、生态环境破坏力强的产品征税，从而压缩污染性产品的利润空间，限制其生产；二是征收水污染税，即对于排放污水的企业，根据企业所排污水的危害性及实际排放量采用差别税率征税，对于排放污水的居民，根据居民用水量采用无差别的定额税率征税；三是征收大气污染税，即对于排放废气（如二氧化碳、二氧化硫等）的企业及个人，根据其所排废气的浓度及排放量采用差别税率

征税；四是征收垃圾税，即对于生活垃圾，依据垃圾重量采用无差别的定额税率征税，对于工业垃圾，按垃圾种类和重量采用差别税率征税。在绿色关税方面，对一些污染环境、影响生态环境的进口产品课以进口附加税，同时对国内紧缺的资源、节能减排设备、污染治理设备、清洁能源生产设备、环境监测仪器、废弃物无害化处理技术以及获得环境保护标志的产品等减征进口关税；降低或取消国内资源（煤炭、原油、金属等）、初级产品、半成品、生产过程高污染和高耗能产品等的出口退税率，同时适当提高循环型企业生产的产品、深加工产品等的出口退税率。

（4）在资源再生环节，鼓励资源综合利用

一是对以资源回收、再生为主业的企业，适当降低其企业所得税并延长优惠年限；二是在废旧物品交易中，对废旧物品免征增值税，鼓励废旧物品的循环多次利用；三是对利用再生资源生产的产品免征增值税。

（5）在消费环节，改革和完善消费税

一方面，适当调整现行消费品的税率水平，如适当提高大排气量汽车的消费税率，降低或免征低耗能耗材产品、利用再生资源生产的产品、环境污染小的产品等的消费税；另一方面，扩大消费税的征收范围，将尚未纳入消费税征收范围的不符合节能技术标准的高耗能耗材产品、高污染产品纳入消费税征税范围，并课以重税，如一次性方便碗筷、一次性纸尿布、高档建筑装饰材料等。

3.金融政策支持

在循环经济发展中，不仅需要政府在财政、税收优惠政策方面提供资金支持，而且需要在政府的鼓励和引导下，创造公平竞争的市场秩序，充分发挥政策性银行和商业银行的功能，建设和完善中小金融机构，为循环经济发展提供良好的金融环境。

（1）强化政策性银行的支持作用

目前，我国已经设立了中国农业发展银行、中国进出口银行两家政策性银行，均直属国务院领导。在推动我国循环经济发展中，两家政策性银行应强化其金融支持作用。国家开发银行可以进一步调整信贷结构，一方面，将更多资金投向循环经济领域，用于循环型企业改进生产工艺和购买先进设备、生态型产业园区建设、区域重大循环经济项目、新能源开发等，并适当调低贷款利率，降低循环经济发展主体的运营成本，同时扶持环境产业发展；另一方面，适当调高贷款利率，限制高耗能、高耗材、高污染产业及企业的发展。农业发展银行可以根据区域循环经济发展状况和国家政策导向，将投资重点转向农业循环经济发展和农村基础设施建设，支持农业结构调整、农业产业化发展、农产品深加工、现代农业技术研发等，推动农业产业生态化、生态产业化发展，全面提高农业经济效益、生态效益和社会效益。中国进出口银行在产品出口方面，可以对出口耗能耗材量小、环境污染小、高附加值、利用再生资源生产等产品的企业实行优惠贷款，鼓励其产品出口，而对出口原始资源、耗能耗材量大、环境污染大、低附加值产品等的企业实行紧缩贷款，限制其产品出口；在进口方面，对进口原始资源、先进生产设备、高新技术、低污染且易无害化处理产品等的企业实行优惠贷款，鼓励其进口产品，而对于进口污染严重且难以无害化处理的产品企业实行紧缩贷款，限制其进口产品。此外，考虑成立循环经济发展银行，专门为发展循环经济的企业及个人提供融资支持。

（2）加大商业银行信贷投放力度

一是严格把握新增贷款投向。商业银行在发放贷款时，将循环经济理念贯穿到信贷评审工作中去，把节能降耗、资源循环利用、污染物排放、生产者责任延伸等指标纳入贷款审批体系，推进绿色信贷建设。一方面，对国家限制的高耗能、高污染产业，盲目投资、低水平重复建设项目，不予以信贷支持，已投信贷逐渐减退；另一方面，对国家鼓励的环境产业、新能源产业、生态农业、"静脉产业"以及其他产业中的循环型企业等予以信贷倾斜，逐步加大信贷投入，鼓励发展循环经济和生产替代能源。

二是实行差别利率政策。对于按照循环经济思想生产经营和新能源生产企业，为其提供贷款时可视实际情况适当调低贷款利率，而对于高耗能、高污染企业，为其提供贷款时可视实际情况适当调高贷款利率，从而引导和调控市场主体的行为。

三是根据循环经济发展需要进行金融业务创新。设计开发绿色信贷产品，专门用于支持企业推行清洁生产、节能减排、废弃物回收再利用、新能源生产等，同时对个人发展循环经济的行为，特别是对废旧产品、废弃资源进行回收处理的行为给予小额贷款支持；创新商业银行的业绩评价机制，从信贷结构、营业收入、利润结构、费用结构等方面着手，把支持循环经济的因素列入权重系数，并与央行再贷款利率、银行准备金率等监管因素结合起来；建立动态跟踪机制，对已投信贷进行全程评价和风险监控，确保所投信贷资金落实到支持循环经济发展的项目。

（3）建设和完善中小金融机构

一是大力扶持农村信用合作社。在农村信用合作社核销呆账坏账、税收优惠、信贷业务方面给予一定的政策支持，引导其不断完善业务品种，将资金重点投放到发展循环经济的项目特别是生态农业发展上来。

二是加快地方性商业银行建设。通过地方性商业银行的建设，集中一批民间资金，对当地发展循环经济的企业及个人给予信贷数量和利率方面的倾斜。

三是鼓励民间金融组织发展。尽快把发展民间金融组织提上议事日程，制定市场准入标准，引导民间金融向当地循环经济项目倾斜。

（4）培育和发展资本市场

一是在主板市场支持循环型企业融资。一方面，在已上市的企业中，优先支持具有循环经济概念的企业增发新股和配股，为其市场融资提供便利；另一方面，对于未上市的、符合循环经济发展要求的企业，在同等条件下，可优先核准这类企业在主板上市，甚至可以适当降低其公开发行股票和上市的标准。

二是尽快推出创业板。优先支持中小型符合循环经济发展要求且具有较大发展潜力的企业在创业板上市，推进这些中小企业的市场化、规模化发展。

三是支持循环型企业公开发行企业债券。不断优化市场基础环境，推进企业债券市场发展，简化循环型企业发行债券审批程序，在同等条件下优先支持循环型企业发行债券。

四是设立循环经济基金。通过各级财政划拨与面向社会筹资相结合，拓宽基金来源渠道，并规范监督基金专门用于控制污染、节约能源、资源再利用、生态修复等方面。

4.产业政策支持

从产业发展角度来看，循环经济发展需要政府在产业结构、产业组织、产业布局等方面提供全方位的政策支持，改善产业内部及产业之间的资源配置，引导产业内各企业的经营活动。

（1）产业结构方面

在产业结构方面，综合利用财政、税收、金融、法律等手段和必要的行政手段，积极推进产业结构优化升级，严格限制高耗能、高耗水、高污染产业的发展，淘汰落后工艺、技术和设备，综合利用财政、税收、金融、法律等手段和必要的行政手段，大力发展支持循环经济发展的高新技术产业、新能源产业、信息产业、环境产业、再生资源产业等。

（2）产业组织方面

在产业组织方面，制定鼓励企业兼并、重组、建立战略联盟等的有关政策，培育一批具有较大规模的循环型企业，使其能对产业内其他企业产生带动导向作用；通过政府行为和市场机制的有机结合，以产业链为主线，以大型企业为核心，以中小企业为节点，构建功能完善、大小企业分工合作的现代产业组织结构。

（3）产业布局方面

在产业布局方面，根据地理区位、资源分布和产业特征，在吸取国内外生态工业园区建设试点经验的基础上，各地方政府在土地、水资源、用电等方面出台优惠政策，在全国范围内广泛建立生态型产业园区，提高产业集聚水平，形成资源高效循环利用的产业链，提高资源产出效率。

5.科技政策支持

从传统发展模式向循环经济发展模式的转变过程中，科技政策具有十分重要的作用，因此，应积极探索、完善支持循环经济发展的科技政策。

（1）加大科研投入资金

有关部门和地方要加大财政科技投入，并协同产业、税收、金融、政府采购等政策，鼓励、引导社会资金投入，推动全社会技术研发经费持续稳定增长，支持循环经济共性和关键技术的研究与开发。

（2）制定技术导向目录

发展改革委应会同科技、环保等有关部门研究制定包括能源、水资源、矿产资源、环境、农业、制造业等方面的发展循环经济技术导向目录，在国家主要科技计划项目中增加对循环经济共性和关键技术研发项目的设立。同时，完善资源综合利用技术淘汰政策，对有悖于资源综合利用和环境保护的落后工艺及设备要定期提出限制使用、限期淘汰的相关目录。

（3）加快技术标准体系建设

加快制定高耗能、高耗水及高污染行业市场准入标准和合格评定制度，制定重点行业清洁生产评价指标体系和涉及循环经济的有关污染控制标准。加强节能、节水等资源节约标准化工作，完善主要用能设备及建筑能效标准、重点用水行业取水定额标准和主要耗能（水）行业节能（水）设计规范。建立和完善强制性产品能效标识、再利用产品标识、节能建筑标识和环境标志制度，开展节能、节水、环保产品认证以及环境管理体系认证。

（4）完善科技法规

一是建立和完善保护循环经济技术创新成果的有关法律，依法奖励对循环经济技术创新做出贡献的组织和个人。

二是立法保障循环经济科技投入，特别是为从事循环经济技术创新企业的上市和其他融资提供法律保障。

三是完善技术专利制度和著作权法规，保障循环经济科技交流与合作。

四是加强循环经济科技执法，坚决制止"有法不依，执法不严"的现象发生。

（5）加大科技成果奖励力度

在国家最高科学技术奖、国家自然科学奖、国家技术发明奖、国家科学技术进步奖、国际科学技术合作奖中，对支持循环经济发展的各项技术创新成果给予适当倾斜，加大奖励力度。

（6）加快科技成果转化

在严格执行有关法律、行政法规的同时，各地方政府在具体实施过程中还应严格执行地方促进科技成果转化条例，并制定技术资本和智力资本的评价政策，促进科技成果转化的重奖政策，推动产、学、研长期稳定合作的政策，政府采购向高新技术产业倾斜的政策，系统的知识产权保护政策等配套政策。

6.对外贸易政策支持

在对外贸易政策支持方面，除了利用绿色关税、信贷政策对产品进出口加以调控，还应合理利用进口配额管理政策的调控作用。在进口方面，适当调高资源性产品、低污染且易无害化处理产品、高附加值产品的进口配额，调低在使用过程中或使用后对环境造成严重污染的产品的进口配额，限制、禁止其进口，甚至对其进行贸易制裁。在出口方面，适当调高低耗能低污染产品、高附加值产品、利用再生资源生产的产品、具有自主品牌的产品的出口配额，调低高耗能高污染产品、初级产品、半成品、资源性产品的出口配额，限制、禁止其出口。

（三）技术支持

科技进步是循环经济发展的根本动力，没有科技进步的支持，中国循环经济的发展模式将难以构建。循环经济发展模式的技术支持系统包括清洁生产技术、替代技术、减量化技术、再利用技术、资源化技术、无害化技术、系统化技术、环境检测技术等。

1.清洁生产技术

清洁生产是企业通过产品的生态化设计、能源及原材料的选择、先进生产设备及生产工艺的选择、生产过程的全面管理、物料内部多次循环利用等过程，实现资源利用效率最大化和污染物排放最小化的一种工业生产方法。而清洁生产技术就是支持企业推行清洁生产的先进技术。为了引导各行业的企业及时利用清洁生产技术，更好地推行清洁生产，中国政府于2023年1月发布《国家清洁生产先进技术目录（2022）》，本次技术目录共记载20项先进技术，包含尾气回收、余热利用、高盐废水的回收处理、重金属危废的治理与资源化利用等技术。目录附件中详细记载了各项技术的主要内容、工艺路线、适用范围及节能减排效果，主要涉及钢铁、医药、化工、电镀、包装印刷等领域。随着科学技术的不断进步，政府管理部门今后还须及时了解各行业技术创新动态，引导各行业企业及时淘汰落后技术，使用最新的清洁生产技术。

2.替代技术

替代技术是通过开发和使用新资源、新材料、新产品和新工艺等，替代原来所使用的资源、材料、产品和工艺，以提高资源利用效率，避免或减轻生产及消费过程对环境压力的技术。从本质上讲，替代技术就是新资源、新材料、新产品和新工艺等得以产生的技术。目前，国内外现有的替代技术主要涉及利用太阳能、风能、水能等清洁能源替代传统能源，既延长了资源的使用年限，又保护了生态环境；利用现代生物技术生产新材料、新产品，如生物柴油、生物农药等；利用新的生产工艺替代传统生产工艺，节约能源和原材料，提高生产效率，减少废弃物的产生。

3.减量化技术

减量化技术是指用较少的物质和能量消耗来实现既定的生产目的，在生产过程中节约资源并减少污染的技术，如各种节能技术、节水技术等。减量化技术是对循环经济减量化原则的具体落实，从生产源头减少进入经济系统和社会系统的资源数量。

4.再利用技术

再利用技术是指能够延长原材料或产品的使用周期，通过多次反复使用，减少资源消耗及废弃物产生的技术。再利用技术也是企业的标准化、生态化设计与生产技术，经过企业对其产品的标准化、生态化设计，当产品整体报废时，其部分零部件仍然可以继续使用，用于生产新的产品，从而实现多次利用。

5.资源化技术

资源化技术是指能够将生产或消费过程中产生的废弃物再次变成有用的资源或产品的技术。资源化技术在循环经济发展中非常普遍，它是针对具体产品而言的，不同的产品需要不同的资源化技术，具体包括废纸的资源化技术、电子垃圾的资源化技术、废旧轮胎的资源化技术、废旧电池的资源化技术、废旧机电装备的再造技术等一系列专项技术。资源化技术不仅能够促进废旧资源和产品的再生利用，而且能够延伸产业链条，产生可观的经济效益、社会效益和生态效益。

6.无害化技术

无害化技术主要是指将生产或消费过程产生的无法资源化且对生态环境有害的废弃物，在排放到生态系统前将其进行无害化处理的技术，以及已遭受污染破坏的生态环境的修复技术。如工业企业的脱硫技术、颜料排放前的无害化处理技术、污染河流的治理技术等。无害化技术是对生态环境的保护技术，目的是缓解各种废弃物对生态环境的破坏力。

7.系统化技术

系统化技术是从系统工程角度考虑，通过技术、产品、产业等的优化组成为一个运行效率更高的复合系统，从而实现各类生产要素的优化配置和高效利用的技术。这一技术最明显的体现是生态型产业园区的建设和运行，借助于园区这一平台，以产业链为主线，以各企业为主体，按照生态规律将这些企业组成一个和谐共赢的全新系统。

8.环境检测技术

环境检测技术是监测有害物质排放量以及分析已排放有害物质的成分和含量的技术。没有该项技术的支持，企业和居民有害物质的排放量就无法准确测量，具体的治理整改措施就难以制定；没有该项技术的支持，已排放到生态系统的有害物质的成本就难以分析，生态系统修复的难度将明显提高。

（四）舆论支持

舆论支持主要是通过开展形式多样的宣传教育活动，使全社会逐渐了解循环经济基本理论知识和我国的资源环境状况，深刻意识到发展循环经济的重要性和紧迫性，并在政府的各项政策制度的激励和约束下，形成符合循环经济发展要求的生产方式、生活方式和消费方式。舆论支持主要应从以下几方面着手。

1.加强学校教育

将循环经济理念和基本理论知识纳入各阶段的学校教育，特别是高等院校的经济类院系应广泛设置循环经济相关课程，培养循环经济的专业人才，同时在全校范围内开设循环经济公共课。

2.开展在职培训

政府及企业应积极组织干部和员工，开设循环经济学习班，讲授循环经济的基本理论知识和经典案例，从而提高各级领导干部和企业员工对循环经济的认识水平，增强其节约资源和环境保护意识，使政府在决策制定和企业经营发展中充分考虑到循环经济的发展。

3.媒体宣传

通过电视、电台、报刊、网络等途径，普及循环经济基本理论知识，公布资源环境状况，宣传我国关于发展循环经济的政策预期、法律法规和标准规范，公开表彰学习先进典型和成功经验，揭露和批评严重浪费资源、污染环境的行为。

4.组织开展系列公众活动

利用国际地球日、世界环境日、世界水日、全国节能宣传周等与资源环境有关的活动日开展丰富多彩的公众参与活动。

5.组建志愿者队伍

通过政府财政支持或引导企业赞助，发动和支持各类社会组织和公众组建循环经济志愿者队伍，开展各具特色的志愿者活动。

第四节 循环经济发展模式运行中的商业模式创新

在我国循环经济发展模式的运行中，政府、企业、公众、高等院校与科研院所、中介组织等都是循环经济发展的主体。然而，随着我国循环经济发展阶段的不断演进，企业将居于越来越重要的地位，发挥越来越显著的作用。在信息化、智能化、全球化的时代，过去"单打独斗"的企业经营模式将不再适应时代的变化，企业需要通过商业模式创新，在盘活和高效利用一切有利因素的同时，实现自身的可持续发展。

一、商业模式的内涵

学术界对于商业模式的研究起源较早，20世纪90年代实现了快速发展。根据文献研究，"商业模式"一词最早出现于1957年Bellman，Clark等的文章，1960年Jones的文章首次将商业模式作为研究主题。1995年之后，研究商业模式的文献开始大量出现在《哈佛商业评论》等经济管理类权威期刊上，随后关于商业模式的文献数量在全球实现了快速增长，被引用频率持续提高。

虽然学术界对商业模式关注较久，但目前仍未形成统一的定义和自洽的逻辑结构，其原因在于不同领域的学者往往出于不同的侧重点展开论述，无法达成相对一致的共识，研究领域涉及战略、创新、营销、制度、认知等理论视角，其中又以战略视角的研究为主流。有代表性的商业模式内涵如表2-1所示。

表2-1 商业模式的内涵

作者	商业模式的内涵
蒂默斯（Timmers）	指出产品、服务和信息流的架构，内容包含对不同商业参与主体及其作用、潜在利益和获利来源的描述
斯图尔特（Stewart）	企业能够获得并且保持其收益流的逻辑陈述

续表

作者	商业模式的内涵
马哈德万（Mahadevan）	企业与商业伙伴及买方之间价值流（Value Stream）、收入流（Revenue Stream）和物流（Logistic Stream）的特定组合
霍金斯（Hawkins）	企业与其产品/服务之间的商务关系，一种构造各种成本和收入流的方式，通过创造收入来使企业得以生存
阿富埃（Afuah）	企业获取并使用资源，为顾客创造比竞争对手更多的价值以赚取利润的方法
莫里斯（Morris）	商业模式是一种简单的陈述，旨在说明企业如何对战略方向、运营结构和经济逻辑等方面一系列具有内部关联性的变量进行定位和整合，以便在特定的市场上建立竞争优势
奥斯瓦尔德（Osterwalder）	一种建立在许多构成要素及其关系之上、用来说明特定企业商业逻辑的概念性工具
李振勇	为了实现客户价值最大化，将能使企业运行的内外各要素整合起来，形成高效率的具有独特核心竞争力的运行系统，并通过提供产品和服务，达成持续盈利目标的组织设计的整体解决方案
原磊	一种描述企业如何通过对经济逻辑、运营结构和战略方向等具有内部关联性的变量进行定位和整合的概念性工具，说明了企业如何通过对价值主张、价值网络、价值维护和价值实现四个方面的因素进行设计，在创造顾客价值的基础上，为股东及伙伴等其他利益相关者创造价值
阿密特（Amit）和卓德（Zott）	以价值创造为导向的核心企业与利益相关者互动的交易组或活动组
杰拉德（Gerard）	一个组织结构的设计，用于制定和发展一个商业机会，它包含资源结构、交易结构和价值结构三个维度
林伟贤	企业家为了最大化企业价值而构建的为企业利益相关者提供服务的交易结构
魏江、刘洋、应瑛	描述客户价值主张、价值创造和价值获取等活动连接的架构
魏炜、朱武祥	企业与其利益相关者的交易结构
马丁斯（Martins）和马尔姆斯特伦（Malmstrom）	决策者对关于价值创造的主观认知图式加以组合安排的结果

　　如表2-1所示，商业模式概念大致可以从几个方面来归纳：系统方面，认为

商业模式是由相互关联的要素组成的系统，这些要素组成了企业体系框架，强调了商业模式的综合性。盈利方面，认为商业模式的核心是一个企业如何盈利以及如何长久维持利润的描述，是一种能够为企业带来收益的模式。运作模式方面，认为商业模式是企业的运作模式，是企业如何使用环境变化合理配置内外部资源获取利润的方式。价值创造论方面，认为商业模式是企业价值的决定性来源。

笔者认为，企业价值并非企业的盈利能力和投资价值，并非企业预期未来可以产生的自由现金流的贴现值，而是企业在自身经营发展过程中为社会所做的积极贡献，亦即企业自身在社会上存在的意义。基于这样的判断，笔者认为，商业模式是为实现企业及其利益相关者的价值主张而设计的整体方案。

二、企业商业模式的特征

企业的商业模式具有如下特征。

（一）有独特的价值主张

做企业犹如做人，必须有自己的价值观和存在的意义，而非利欲熏心，不择手段地达到自己的目的。商业模式的设计必须基于企业健康的价值主张，否则价值主张扭曲的企业商业模式设计得越好对社会的危害越大。

（二）系统性

一方面，商业模式有其必需的构成要素，这些构成要素缺一不可，相互依存、相互作用，共同形成一个完整的系统；另一方面，众多的利益相关者及其交易结构也组成一个完整的商业系统，是决定企业能否实现其价值主张的关键。

（三）难以模仿性

好的商业模式是基于企业独特的价值主张，基于企业的关键资源能力和准确定位，也基于企业独特的业务系统，使得商业模式具有企业的独特"基因"，别的企业是很难模仿的。在早期的复印机市场，柯达和IBM公司模仿施乐的商业模式但没能战胜施乐，施乐后来模仿佳能的商业模式也没能战胜佳能，这说明了商业模式的难以模仿性。

（四）营利性

企业在发展中为社会做贡献的前提是得以生存，企业得以生存的前提是盈利，所以成功的商业模式必须是盈利的商业模式。即使是企业做慈善事业或履行社会责任，在设计商业模式时，也应该让自己像蜜蜂一样，在为自己采蜜的同时为植物传播花粉。

（五）动态性

企业的发展阶段在变、竞争对手在变、所处的经济社会环境在变、行业的游戏规则（竞争手段）在变，总之企业处在一个不断变化的世界里。所以，一个成功的商业模式要想保持持续的竞争力，就只能不断地创新，与时俱进。

第三章　区域经济发展模式

第一节　区域经济发展模式的产业创新

一、区域经济发展模式内涵的界定

区域经济发展模式研究旨在找出区域经济发展的规律，指引其向更合理的方向发展，有了这个客观的规律，就能根据区域经济发展的内在规律制定正确的发展政策和管理措施。

区域经济发展模式概念的核心在于几个关键词："经济发展""区域"，因此应更多地站在区域经济学立场进行内涵界定。

笔者认为区域经济发展模式是在特定的时间与环境条件下，一定区域依托各种生产要素与生产关系的经济发展路径和方式，并表现出经济持续快速发展，对其他地区具有较强的示范性等特征，能在一定条件下为其他地区所借鉴。简单地讲，便是"可供借鉴的经济发展路径"。笔者首先认为一定的模式是由一定的时间、环境与要素等综合因素组合形成的；其次强调了模式的"范本""模范"等内涵特征；最后强调了区域经济发展模式是关于经济发展若干现象和特征的规律性概括和总结。

二、区域经济发展模式的产业创新

区域经济发展模式的变化受区域经济发展环境与条件变化的影响，不同的条件下，相同的模式可能会产生不同的效果；由于区域经济发展条件的可变性，区域经济发展模式也处于不断的动态演变之中。区域发展模式具有动态演化性，随着经济发展条件和资源结构的变化，区域经济发展模式也在不断进行调整和转换，正是这样一条演进脉络，维系着区域经济发展新旧模式的衔接。

在区域经济发展模式的演化过程中，产业创新是其中的一条主线。例如，苏南模式在发展初期以劳动密集型、资金密集型产业为主，而随后向资金技术密集型转变，并逐步形成以园区经济为载体的新苏南模式；而以民营经济为代表的温州模式，在发展早期以服装、制鞋、制革、打火机、眼镜等低技术含量、低成本、劳动密集的"小商品"生产和家庭工业占据主导，近年来温州民企逐步进行产业链升级或行业"合纵连横"。苏南模式在发展方式上也不断创新，从苏南模式到新苏南模式的动态发展，表现在以转变经济增长方式为主线，加快经济结构调整、科技创新；在发展内容上从集体办厂到民营企业、从乡镇企业到中外合资、从加工工业到高新技术产业转变；在发展方式上表现为从粗放型经济到注重绿色GDP，近年来苏南大力开展治理污染、生态修复，着力发展生态工业、生态农业，建设生态城市。

三、区域经济发展模式的产业创新发展路径

创新与实体产业，特别是与制造业的关系，犹如鱼与水的关系，没有以制造业为主体的实体产业依托，创新将失去实体经济的支持，成为无源之水、无本之木。国内外发展实践表明，一个地区没有实体产业，难有持续的技术创新，当然反之亦然。党的十九届五中全会通过的《中共中央关于制定国民经济和社会发展第十四个五年规划和二〇三五年远景目标的建议》（以下简称《建议》）提出了未来五年实现创新能力显著提升，产业基础高级化、产业链现代化水平明显提高等经济发展新目标。同时，作为重点任务部署，《建议》还提出了"坚持把发展经济着力点放在实体经济上，坚定不移建设制造强国、质量强国、网络强国、数字中国，推进产业基础高级化、产业链现代化，提高经济质量效益和核心竞争力"。落实好《建议》，"十四五"期间区域产业创新发展主要路径应至少包括以下几个方面。

（一）强化硬技术创新创业，为确保制造业在区域产业中的一定比重提供有力支撑

走好区域产业创新发展之路，一是要提高社会各界对科技创新与制造业发展相互依存关系的认识。作为一个快速发展中的大国，保持制造业一定比例在区域实体经济发展中具有重大战略性价值。不少省市在各自的"十四五"规划中都进一步突出把制造业放在了实体经济发展的重要位置加以部署，这是十分必要的。例如，北京市提出"坚持智能制造、高端制造方向，壮大实体经济根基，保持制造业一定比重"的要求；天津市提出"坚持制造业立市，推动制造业高质量发展"的要求；安徽省提出制造业增加值占地区生产总值比重达到30%左右的目标要求等。二是要树立制造业技术自立自强的意识，强化硬技术的研发与转化。随着各地区制造业生产成本的不断升高，制造业发展环境发生了很大变化，必须脚踏实地抓制造业生产经营、研发转化环境的改善，不断提高自立自强能力。三是要顺应数字化背景下的平台制造趋势，增强产业生态与创新生态意识，建设以硬技术创新创业为核心的产业创新共同体。

（二）强化产业创新系统能力，为推进产业基础高级化、产业链现代化提供全方位支持

区域产业要实现产业基础高级化、产业链现代化发展的新要求，需要围绕产业创新发展的系统性、协同性、时代性发展问题，解决好创新链、产业链、供应链、价值链中的薄弱环节。

一是在创新链方面，需要在增强创新链自主发展能力的基础上，解决好不同细分行业创新链上的薄弱环节，特别是提升创新链各环节的协同效应和系统能力，突破"卡脖子"的关键核心技术的瓶颈，锻造更多创新链上的独门绝技。

二是在产业链方面，要着眼于城市群或城市圈共同建设世界级、区域级创新型产业集群的需要，各城市、各产业功能区着力分工合作、特色化发展，共同补强区域性产业链配套能力，构建更加便利的"一小时产业配套生态圈"，同时也可起到保障供应链安全的作用。

三是在价值链方面，依靠创新提升价值链整体价值水平和效益水平，是产业链现代化的题中应有之义，更是创新内在经济价值的体现。

四是在数字技术和数字经济为主导的新时代，发挥数字化的多重增强效应是依靠创新促进产业链现代化的必然要求。数字技术的不断进步与广泛渗透将加速实现产业发展全过程向数字化、智能化、网络化、绿色化方向发展，将呈现出产业链融合分解、产业间渗透关联等多重效应，其创造新价值、提升产业竞争力的赋能潜力值得深入挖掘。

（三）强化原创能力建设，培育区域未来产业

未来产业是以突破性原创技术为基础、当前还未形成产业规模的新兴产业领域。超前部署并把握突破性技术创新的机会窗口，抢占未来技术与产业化的先机，是一个区域产业获得可持续发展的战略性选择。一般而言，渐进式创新维系常规的区域经济循环累积，使产业集聚不至于阻断。复杂经济学创始人布莱恩·阿瑟认为，突破性原始创新为区域发展带来新的母市场，一旦形成新的产业将产生先发优势和自我增强效应，导致区域产业发展在新的水平上的循环累积，并极有可能为一个地区带来持久的比较竞争优势。"十四五"期间，国家通过制定实施基础研究规划等重大举措，以前沿技术从0到1的突破创新，促进区域未来产业的培育成长，将成为区域产业创新发展的重要路径之一。因此，抢抓新一轮科技革命和产业变革带来的机遇，抓住未来技术及其产业群体突破战略机遇期，赢得主动权，是每个区域决策者所关注的。我国不少地区纷纷加强与高校、科研机构的战略性互动，支持基础科学研究，加强前沿技术开发及其创业，部署未来产业，抢占产业发展制高点、培育竞争新优势。

（四）强化产业互联网对创新要素的整合能力，重塑区域产业竞争优势

一般认为产业互联网是第四次产业变革的重要支撑。通过对人、机、物的全面互联，产业互联网构建起全要素、全产业链、全价值链连接的新型生产制造和服务体系，将加速产业数字化，加速传统制造智能升级，加速制造业服务化，引领产业组织变革，促进现代化产业体系建设。

一是要努力跟上新一轮科技革命和产业变革步伐，加快以5G为代表的区域新型基础设施建设，用产业互联网赋能区域产业创新与转型升级，改进产业整体生产效率，冲抵实体产业成本上涨压力，不断增强产业综合竞争力。

二是要借助产业互联网平台，打造一批掌握数据的细分优势行业。

发挥区域龙头企业（或行业头部科研机构）的作用，培育产业互联网平台，逐步构建打通重点行业的产业互联网整合路径，逐步实现跨领域跨行业的融合发展。在新基建的加持下，预计"产业互联网+"将成为新的热点，可能会催生出一批影响更大的"独角兽"企业。

（五）强化科技与产业融合组织创新，优化区域产业创新发展生态

在新经济环境下，区域产业创新发展要从工业经济时代的产业集聚区、大型企业规模化效应等传统方式来组织产业发展，尽快转变到创新型集群、创新联合体、产业生态、开源生态、产业集群链等融合融通性产业组织方式上来，加快建设一批领军企业牵头的创新联合体。

大致看，可以在五个方面探索建设创新联合体，优化产业创新发展生态。

一是按照重点细分行业关键核心技术攻关体系化要求，打造一批创新型骨干企业牵头的行业技术创新联合体。

二是按照前沿技术创新链一体化发展要求，打造一批具有良好微创新生态的细分技术领域创新联合体。

三是着力发展一批大型平台科技企业、产业互联网平台牵头型的融合组织，打造平台带动的创新联合体。

四是鼓励建立跨协会、跨联盟、跨区域的融合组织创新，打造开放的产业创新联合体。

五是在经济技术开发区、高科技园区层面，按照完善产业生态的基本要素做好产业创新生态建设，要有平台型龙头企业牵头，做好产业生态建设的组织工作；要有配套的产业基金或创投基金的创新创业投资支持；要设立引进或建设产业研究院，作为创新研发和成果转化中心，最终打造成园区牵头、具有创新共同体性质的区域创新联合体。

（六）强化企业创新发展能力，充分依靠企业家建构独特优势

首先，要发挥企业家在创新中的关键作用，使企业创新能力跟上时代进步的步伐。科技创新主体包括高校、科研机构和企业，但是最终要落实到企业。企业

创新发展竞争力的核心在企业家，企业家的创新精神、冒险精神是企业创新发展竞争力的关键因素。要大力发展行业协会、企业家协会，增强企业家交流合作、相互学习的机会，要通过交流和实践提高企业家战略管理能力，特别是提高企业家连续创业精神，对缺乏创业精神的地区尤其重要。同时，要按照行业不同、企业创新性成长性等方面的差异，分类打造企业创新的梯次发展格局：打造高成长企业梯队，形成"初创""瞪羚""独角兽""科技大平台"等成长型企业梯次发展格局；培育隐形冠军、高精尖单打冠军等行业地位高、具有核心竞争力的独特性优势企业，要通过工业互联网平台带动广大中小企业线上平台，为中小型隐形冠军提供长期技术创新的市场氛围和产业生态；培育创新型企业梯队，形成科技型中小企业、高新技术企业、创新型企业、国际化一流创新型领军企业梯次发展格局等。

（七）强化产业安全监测预警能力，保障区域产业创新可持续发展

在推动区域产业创新发展实践中，面对不确定性条件，要适应快速变化的国际国内环境，重点提高产业安全监测预警能力，保障产业发展不会突发性中断。要通过智能化产业监测实时掌握产业发展状况，保障管理决策部门能及时知晓重大产业变化，及时作出反应。同时还要通过定期对重点产业的专利分析，对产业出现颠覆性技术、重大政策变化的影响及时进行预警，提高技术预见与产业前瞻运作能力。

第二节　区域经济发展模式的类型划分

一、区域经济发展模式划分的机理

区域经济发展模式研究应源于对其内涵与机理的客观判断与准确把握，并需要建立在一定的理论基础之上。人们获得关于外界事物本质的认识，应该是经过

重新组合建构起来的，而不是进行机械地描摹；区域经济发展模式研究也应该深入其本质属性，避免在概念探讨和外在特征上反复地打转。

路径依赖理论学者指出，在区域经济演化过程中，不仅存在技术路径依赖，还存在制度路径依赖和关系路径依赖；在经济全球化背景下，除了关注本地尺度对区域经济演化路径的影响，全球尺度将是路径依赖理论关注的重要方向，进而使地方—全球关系在区域经济发展演化中得到重视。路径依赖可能会带来锁定风险，分为结构锁定、认知锁定，进而形成技术路径依赖、制度路径依赖和关系路径依赖。

根据经济增长理论，区域经济增长依赖于资本、技术、人力资本以及制度因素。其中，资本、技术、人力资本可视作区域经济发展所依赖的"要素"，而政府管理方式与水平、政府对社会的控制和引导能力、市场化程度等制度因素则决定区域内资源配置情况、资源利用效率等，制度成为决定各要素配置状况的"骨架"。一般来说，完善的制度使得经济增长表现为人力资本和技术进步的发展，而不完善的制度将使经济增长受限于制度的发展；制度不仅直接作用于区域经济发展，还通过影响生产要素投入和配置来促进区域经济发展，这种配置状况也是区域经济发展模式的重要特征。

区域经济发展模式的研究主要分为要素、制度、关系三个维度，各区域经济发展模式分别在三个维度上表现出不同的特征，在要素维度上表现为资源驱动与人力资本驱动，在制度维度上表现为政府主导与市场主导，在关系维度上表现为内生型与外生型。

斯科特（Scott）等新区域主义学者和迪肯（Dicken）、库克（Cooke）等全球生产网络学者的研究表明，区域经济发展受到内生和外生两种力量的影响，并表现出内生型经济增长和外生型经济增长。在这些学者思想的基础上进行延伸，区域经济发展模式也可分为以本地要素和市场占主导的内生型模式、通过全球市场实现要素配置与利用的外生型模式。在经济全球化时代，要素具有高度流动性，使得每个有能力的地区都可以在更大尺度上去组织要素，关系成为决定区域经济发展模式形成与演化的重要动力。在要素、制度、关系三方面的共同作用下，区域经济发展模式得以形成。

二、区域经济发展模式划分的三个维度

通过区域经济发展模式划分机理可看出，区域经济发展模式划分主要有要素、制度、关系三个维度，进而可从资源驱动与人力资本驱动、政府导向与市场导向、内生型与外生型三种维度加以划分。

（一）资源驱动与人力资本驱动

目前对区域经济发展模式的研究，大多以所有制、内外生关系等方面为研究视角，较少从产业转型的角度去分析区域经济发展模式的转变，而一种模式属于资源驱动模式还是人力资本驱动模式对分析该模式所处的经济发展阶段，分析区域经济发展模式演化升级具有重要意义。

区域经济发展模式首先要回答经济发展主要依靠何种要素投入来促进最终产品的生产和服务水平的提高。任何区域经济的发展都是人与环境共同作用的结果。一般来说，自然资源丰富的地区，往往倾向于通过开发和利用自然资源来发展本地经济，促进社会进步。这类地区往往自然资源丰富，使得采掘业、农牧业等第一产业以及与此相关的原材料加工业等产业得以发展起来，这些产业在当地产业结构中占据主导地位。良好的自然资源禀赋，尤其是丰富的矿产资源是工业起步的基础与经济发展的引擎，世界上工业化较早的国家其资源均较为丰富。但是，诸多国家和地区自然资源缺乏，却往往在经济发展中处于领先地位，这类国家和地区更多地依赖于人力资本的推动，企业家精神、组织管理水平、科学技术水平、劳动力素质等成为当地经济发展的关键力量；进而，通过人力资本开发弥补了自然资源的不足。

依据人力资源开发与自然资源禀赋两者在区域经济发展模式形成与转型中的作用，可以区分出"资源驱动型"和"人力资本驱动型"两种区域经济发展模式，现实中的任何区域经济发展模式均能从中找到自己的位置。在资源丰裕的区域，由于制造业部门在人力资本方面存在投资的门槛，而一旦资源部门成为当地经济发展的主导部门，便会导致工业化演进过程中的沉淀成本与路径依赖的形成，以及工业化对资源功能的锁定效应等。可见，资源推动型区域发展模式的区域过度依赖资源开发对人力资本产生挤出效应，导致人力资本积累不足。由此可见，主要依靠自然资源的发展路径不仅可能对自然生态环境造成压力，还可能阻

碍无形要素的形成与集聚。反过来，人力资本匮乏对资源型经济的锁定效应体现在经济发展方式的锁定，经济发展方式的锁定源自人力资本缺失对要素构成、产业构成以及制度变迁的锁定。而人力资源推动型经济则是依托于人力资本进步，以及融合在人上面的科学技术、管理技术等要素。上述两种模式分别代表了区域经济发展依靠资源或人力资本的两个方向，前者更倾向于依靠自然资源，后者则倾向于依靠科学技术水平、组织管理水平和人口素质。几乎任何地区都能在这两者的关系中找到自己的位置。

与粗放型经济增长方式和集约型增长方式概念不同的是，由于本书中讨论的资源型产业属于广义上的概念，因此这里的资源驱动型与人力资本驱动型并不存在严格意义上的优与劣，只是代表了在一定时期区域经济发展模式选择的方向。资源驱动型产业不一定是完全粗放型的，人力资本驱动型产业也不一定就更为集约，正如以煤炭、铁矿石大量投入的钢铁产业，其部分环节技术水平比电子产品装配制造产业要高。产业本身没有严格的先进与落后之分，而因技术水平、劳动力素质等的差异使得与依赖资源驱动的经济发展模式出现差异。

（二）内生型与外生型

在地区工业化研究中，需要确定变量属于内生型还是外生型，这样才能正确认识地区工业化过程中的因果关系。在区域经济发展模式判断中，也需要对内生与外生变量进行区分，找出哪种因素更为重要。

各种环境与要素条件中，既有内生或本地的，也有外生或全球化的，即本地区不具备但可以从其他区域获取的。根据区域经济发展模式的内外生关系，可以抽象出内生变量和外生变量，通过两者间的关系，来区分出内生型模式与外生型模式。

对于内生型区域经济发展模式，苏南模式是其典型。苏南模式形成的内在机制主要包括自身资金积累、人力资源开发、社会关系资源等本地力量，这些机制从根源上反映了苏南模式的"社区所有制"性质。而珠江模式则是外生型模式的典型。珠江地区作为改革开放的前沿地区，通过设立经济特区，推行对外开放政策，国外的资金、技术、人才、设备以及市场密集地参与本地经济活动中。以东莞、顺德等为代表的地区，依托地理优势，通过发展"三来一补"、加工贸易等，建立起了面向全球市场的"外生型模式"，即当地企业与国外有着紧密联系，其资金、管理技术大多来源于国外，以全球为产品销售市场，而土地、劳动力等则由本土提供。一般来说，沿海地区、口岸地区更倾向于走外生型模式，而内陆地区则往往是内生型模式路径。

第三节　区域经济发展模式的适用性

一、不同区域经济发展模式的发展阶段演变

经济发展阶段划分是一个复杂的系统性工程，对丁经济发展阶段评判，国内外许多学者采取了不同方法对发展阶段进行划分，其划分方法大致分为两种：一是绝对指标划分方法，即依据世界经济发展标准对各个地区经济发展阶段定位，该方法对于各地区经济发展阶段的时空比较较为适用；二是相对划分，这种方法主要针对一定国家或地区时间上的演变，以及针对单个时间节点的不同地区进行横向比较，严格地讲，这种划分属于类别划分，而不是阶段划分。

本节更倾向于绝对指标划分法的观点，即将经济发展分为前工业化（工业化初期、工业化中期、工业化后期）、后工业化阶段，采用人均GDP、三次产业比重、城镇化率、R&D经费占GDP比重四项指标，各阶段标志值参考相关文献。考虑到划分标准的表现形式，本节将前工业化阶段（工业化初期、工业化中期、工业化后期）、后工业化阶段的分割点设定为整数，即20%、35%、40%、50%。通过以上方法，可将中国不同区域经济发展模式在不同年份所处的经济发展阶段进行划分，如表3-1所示。

表3-1 各区域经济发展模式的经济发展阶段演变

年份	工业化阶段			后工业化
	工业化初期	工业化中期	工业化后期	
1987	苏州、东莞、西安、金华、泉州、温州、东营	上海、深圳、天津		
1992	苏州、东莞、东营、贵阳、金华、温州	上海、深圳、天津、西安、长沙		
1997	东莞、鄂尔多斯、贵阳、重庆、金华、泉州、温州	深圳、天津、苏州、东营、西安、长沙	上海	
2002	东莞、重庆、泉州、温州	天津、苏州、东营、西安、鄂尔多斯、长沙、贵阳、金华	上海、深圳	
2007		长沙、贵阳、重庆、金华、泉州、温州	上海、深圳、天津、苏州、东莞、东营、西安、鄂尔多斯	
2012			天津、苏州、东莞、东营、西安、鄂尔多斯、长沙、贵阳、重庆、金华、温州	上海、深圳

注：由于大连、青岛缺乏户籍农业人口和非农业人口数据，本部分内容中不涉及大连和青岛。研究时段内没有地区处于前工业化阶段，故表中未列举前工业化阶段。

二、不同区域经济发展模式的绩效演变

与其他人文社会科学相比，效率是经济学研究的核心问题，而区域经济发展模式绩效是在效率概念上的延伸。按照经济发展理论，区域经济发展的投入包括资金、劳动力、技术等，而GDP是反映经济产出最主要的指标，区域经济发展模式绩效的实质问题是如何将投入的资源进行合理有效地配置。为此，可将区域经济发展模式绩效定义为：一定区域经济发展模式经济发展产出相对于经济发展投入的有效程度。如果经济发展不具有成长性，模式也自然是空谈；国内外形成的典型区域经济发展模式，无一不是因为其在较长时期内经济保持稳定的发展。为

此，本节采用数据包络分析作为各种模式经济发展绩效的评价方法，并将区域经济发展视为一个系统，从投入、产出两个方面构建区域经济发展模式评价指标体系，其投入指标包括全社会固定资产投资总额、全社会从业劳动力总量、R&D经费支出，分别表征资金、劳动力、技术的投入，而产出指标为GDP总量。

三、区域经济发展模式的阶段适用性分析

一定的区域经济发展模式总是一定经济发展阶段的产物，随着各种影响因素的变化，经济发展模式也在不断变化之中；可见，任何区域经济发展模式都有一定的生命周期，即在一定的条件下能发挥较强的优势，但随着这种模式优势的减弱，也意味着这种模式即将走向消失。诚然，不同城市应综合考虑当前的经济条件和功能定位选择适合自身的经济增长方式，对于区域经济发展模式的选择也类似；任何适当的、成功的区域经济发展模式都是建立在对经济基础、功能定位等因素进行客观、准确分析，力求对资源进行优化配置的前提之上的。认清其经济发展所处的阶段，选择当下最优的经济发展模式才是其现实选择。对于区域经济发展模式的适用性有若干判断指标，而经济发展绩效水平可作为判断模式适用性的重要指标。

各模式在经济发展不同阶段的平均绩效呈"U"形分布，即在经济发展初期实现低投入、低产出的绩效水平相对较高；经济发展中期表现为高投入、低产出的绩效水平较低；经济发展后期则表现为低投入、高产出的绩效水平相对较高。

从要素维度上看，资源驱动型模式在工业化初期和中期具有相对较高的经济绩效水平。由于在工业化初期和中期，经济发展对资源依赖程度较高，资源驱动型模式以相对较低的投入带来较高的产出，使得其绩效水平高于人力资本驱动型模式。但进入工业化后期以后，人力资本驱动型模式的优势开始凸显出来，其绩效水平超过资源驱动型模式。可见，资源驱动型模式短期经济效应更加明显，尤其是在对自然资源需求较大的工业化前中期阶段具有较强的适用性；而人力资本驱动型模式达到长期经济效应更加明显，尤其是在工业化中后期或后工业化阶段，其优越性逐渐显现。

从制度维度上看，市场推动型模式的绩效水平一直高于政府推动型模式，这也反映出市场经济在资源优化配置上的优越性。尽管在传统经济阶段和工业化初期阶段，政府推动型模式具有相对较高的经济发展绩效，但进入工业化后期以及

后工业化阶段以后，依靠政府推动的经济发展模式与经济发展需求不相适宜。综合看来，在任何经济发展阶段，市场推动型的经济发展绩效均优于政府推动型。

从关系维度上看，在工业化初期，依赖于经济全球化带来的资源全球配置效应，外生型模式在绩效水平上高于内生型模式，而进入工业化中后期以后，二者差异不大。由于工业化中期以后内生型模式相对较少，但也能通过相对较少的样本反映内生型模式的绩效水平。对于二者孰优孰劣，不能简单地进行判断。

全球生产网络学派强调全球商品链等外生性的全球链接对区域发展的重要意义，而新区域主义则强调一定区域范围内劳动力、技术、社会文化、制度因素、集聚经济等对区域发展的影响，二者均强调地方资产在全球化时代的作用，并认为熟练工人、生产网络、技术基础设施在知识形成、交换、处理、传播和溢出上具有效应。可见，外生型模式与内生型模式均是区域经济发展的重要动因，以致巴特尔特（Bathelt）等学者提出区域发展应整合全球力量、国家机构和当地环境等。这在中国区域经济发展模式绩效水平、对外贸易依存度上也得到了体现。

第四章　基于数字化转型的经济发展模式实践探究——以制造业为例

第一节　数字经济概述

一、数字经济的三重划分

数字经济这个词最早出现在20世纪90年代中期，当时的讨论主要集中在数字技术和互联网应用领域。但是随着数字技术发展，数字经济的内涵也在不断演进，这让数字经济至今没有形成一个被广泛接受的定义。

对数字经济认可度较高的一种定义是按其组成划分成三个层次进行诠释。数字经济的第一层叫核心层，包括硬件、软件以及信息和通信技术（ICT）等。第二层叫狭义的数字经济，包括基于数据、信息网络和数字技术应用的新商业模式，例如数字服务、平台经济以及共享经济、零工经济等介于平台经济和传统经济之间的模式。狭义的数字经济中包含了最具代表性的平台经济，它也是数字经济最核心的商业模式。第三层是广义的数字经济，覆盖的范围涉及了与传统制造业、服务业的数字化相关的电子商业，还包含了新出现的万物互联（IoT）、工业4.0、精准农业等，反映了经济生活的各个层面所参与的数字化转型。

数字经济的三重划分反映了数字经济的结构性特点，同时也提供了一个从核心层对应数字技术基础设施的行业，以行业领域切入分析数字经济的视角，核心层对应着数字技术基础设施行业，是数字经济发展的底层建筑，决定了狭义和广义数字经济发展的深度和广度，而狭义和广义数字经济的发展需求又会引领核心层的发展方向。

二、数字经济的特征

（一）非竞争性

数据第一个重要属性是非竞争性，即单个使用者对数据的使用并不会损害其他使用者对数据的使用。这让数字服务或数字商品等依赖于数据的数字经济模式也具有了非竞争性的特点。这种非竞争性不仅体现在物理空间上，也体现在时间上。类似地，数据的非竞争性也会带来数字经济在时间上的非竞争性。

（二）零边际成本带来规模经济

数据的另一个属性是复制成本低，甚至是零边际成本，这为数字经济带来了规模经济效应。规模经济往往指当生产规模变大时，生产的平均成本下降，平均生产效率因此得到提高。传统经济活动也有规模经济效应，不过传统经济的规模效应是有限的。然而数字经济不一样，规模效应非常大，体现了所谓的零边际成本的优势。

传统经济的边际成本会随着产量和规模的扩大而下降，但难以降到零，甚至到达一定限度后成本还会上行，规模效应也会受限，但数字经济中，由于数据的复制成本很低，所以基本不存在这样的限制。

（三）网络效应带来范围经济

数据还有一个重要属性，就是数据本身具有正的外部性，即随着数据量的增大，数据的边际价值会增加，其中的一个体现就是数字经济的网络效应。所谓网络效应，指的是某一件商品或服务的价值会随着使用人数的增加而增加。这个概念早期发源于固定电话的使用，固话用户人数越多，使用固话服务的吸引力也就越大。

有别于传统商业模式服务单边市场，数字经济中很多商业模式可以服务多边市场，典型的例子包括社交平台、电子商务平台等。对于这些商业模式而言，市场各边使用的人越多，平台的价值就越大，就更容易吸引用户加入，进而使这些商业模式的跨产品补贴，甚至免费服务成为可能。

网络效应不仅会让相关数字商业模式的体量迅速扩大，还会带来范围经济效应。所谓范围经济效应，指的是企业同时生产多个产品时，其边际利润比单独生产一个产品要大。

从土地到生产性资本再到数据，人类生产活动中使用的生产要素的接触性和竞争性越来越弱，而生产要素所能产生的规模经济、网络效应和范围经济效应却越来越强。比如传统生产要素——土地（也就是空间），一个人占用的空间越大，其他人占用的空间就越少，竞争性越大。生产性资本的竞争性比土地小，比如同一台机器设备可以多个人轮班用，提高了使用率，但这种非竞争性的潜力有限。而反观数据要素，数据使用的竞争性最小，但是带来的规模经济、网络效应和范围经济效应却最大。这里的一个重要含义就是数字经济的生产效率提升潜能要高于传统经济。

我们从数字经济的组成以及新生产要素所带来的宏观规律出发刻画了数字经济。而要想理解数字经济在宏观经济中扮演的角色，还需要了解数字经济创造价值的方式有何不同。与传统经济单边市场创造价值的方式不同，数字经济更多利用多边市场创造价值，其中平台经济最具有代表性。理解平台经济创造价值的过程，可以帮助我们更深入地了解数字经济与传统经济的不同，并探寻其可能带来的宏观含义。

三、平台经济——新商业模式

平台经济，是指依托于数据收集、数据分析等数字硬件和技术的数字平台经济，它可以降低物理空间的限制，连接更为广泛的人群。平台经济是数字经济中最具代表意义的新商业模式，是数字经济价值创造的重要推手。传统商业平台并不鲜见，连接消费者与生产者的购物中心是平台，连接求职者与招工企业的人才中心也是平台，但这些平台都需要物理空间，连接的人数也相对有限。

（一）多边市场与价值创造

平台经济与传统经济最大的区别在于，平台经济是多边的，而传统经济是单边的。平台经济是为了满足多边的客户群体而存在的，所以平台经济创造价值，就是依靠将不同的个体和机构汇集起来，并且让他们相互交换价值，这与传统的单边商业模式有所不同。

传统的单边商业模式依赖于生产厂商将一种商品推销至消费群体。比如面包作坊要创造价值，就需要烘焙面包并销售给需要面包的人群；汽车厂商要创造价值则需要制造汽车并销售给需要汽车的消费群体。传统的商业模式中，价值创造是线性的、单向的，依赖于生产一种商品或服务，并把它们销售给客户，从而获得收益。从生产者到消费者这个路径非常直接，商品在上游被生产，在下游被消费。与之不同的是，平台经济的商业模式更多起到的是促进价值相互交换的作用。

平台经济模式需要同时迎合多个用户群体的需求，这些用户群体在某种程度上相互需要，并且依赖平台将他们聚集在一起，最终完成价值交换，甚至由于网络效应，平台使用人数越多，就会吸引更多的人使用这个平台。在这里，平台经济的价值创造不是线性的，也不是单向的——它是网络化的、相互的。

数字平台有不同的分类，根据业务的不同，数字平台大致可以分为三种类型：交易平台、创新平台以及两者结合形成的混合平台。

交易平台提供了一个参与者进行商品、服务或信息交换的中介。平台参与者越多、功能越齐全，其影响力也就越大。交易平台主要通过收取一定的交易费或广告费来盈利。

创新平台一般是提供一个通用的技术平台，以便其他个人和机构在此基础上开发相应的产品或服务。

混合平台则同时包含创新平台和交易平台的特征。在过去的十年里，有越来越多的创新平台成功地将交易平台整合到它们的商业模式中。

受益于平台经济的价值创造模式，平台型企业近十年飞速成长，远超传统企业的成长步伐。平台经济之所以越来越壮大，一个重要的原因就是，在网络效应的驱动下，一个对用户有价值的生态系统可以随着用户的增多而变得对用户更有价值。平台的用户越多，该平台对其他用户群体就越有价值。这种动力使平台能够以传统的、单边的企业无法做到的方式扩大规模。平台的增长主要通过在生态系统中增加参与者（数据要素的增多），而非通过增加物理资源或直接的劳动力资源来实现。

（二）平台经济的宏观影响

平台经济的快速发展呈现出"生态化"等特征，并会对隐私保护和劳动力市场等宏观层面产生较大影响。

平台的"生态化"是指平台企业将其核心产业或技术的关联产业都纳入平台中，为这些产业提供支持并获得反馈，从而形成一个价值网络，匹配多种交易关系，发挥多元主体之间的互补作用。

在平台发展到一定阶段后，利用范围经济效应打造一个全方位的平台生态将会为平台经济提供新的、动态的经济增长点，并推动平台规模不断扩张。

"生态化"的发展趋势本质上是平台边界的扩张和集中特征的加强，在提高生产效率的同时，也可能威胁市场的自由竞争和用户的个人隐私，这对市场监管和隐私保护提出了要求。在市场监管上，网络效应使得多边市场与单边市场存在着本质的区别，传统的市场监管已经无法适应，需要新的标准和手段对平台型垄断进行判断和处理。在隐私保护上，平台用户规模越大，业务范围越广，掌握的用户数据也就越多越详细，此时，用户的隐私权保护、用户数据的归属和使用等问题的讨论就会变得越发有意义。

此外，平台经济也会在组织结构、工作方式、竞争水平、工作内容方面对劳动市场产生影响。从组织结构来说，自我雇佣形式将会进一步发展。平台经济所提供的众多可交易机会进一步降低了个人向市场提供服务的成本。从工作方式上说，平台经济将推动远程办公与远程服务的发展，并且通信技术的不断发展将使跨地区与跨国工作成为可能。从竞争水平上说，平台经济将会增加低门槛职业的竞争。平台经济的发展使得更多的人全职或是兼职从事可以自我雇佣的低门槛职业，这会使职业中原有的从业者面临更大的竞争压力，从而造成贫富差距加大的问题。而从工作内容上说，一些机械化的工作可能消失。

之所以特别关注平台经济，是因为平台经济是数字经济的典型代表，是数字经济价值创造的重要源泉，为理解数字经济发展的宏观含义提供了机理支持。讨论完数字经济的数据微观基础，以及数字经济最具典型意义的平台经济商业模式，就可以大致描绘出数字经济发展的宏观含义。

四、我国数字经济的特点、经验、发展路径

（一）我国数字经济的区域和特点

从区域发展的角度来看，中国数字经济具有两个鲜明的特点。

第一，全国广义数字经济发展并不均衡，经济越发达的省份，数字经济发展越活跃。根据中国信息通信研究院的数据测算，2019年全国各省广义数字经济增加值占GDP比重处于16%~53%，经济越发达的地区，数字经济占GDP的比重越高。整体来看，东部沿海经济带和长江经济带数字经济的比重要高于中西部和东北地区。而在东部地区，长三角和粤港澳地区各省的数字经济发展相对均衡，但京津冀地区的数字经济活动则主要集中在北京和天津。

第二，全国各省数字经济核心层GDP占比分化较大，但非核心层分布却相对均衡。如果将广义的数字经济分解为核心层数字经济和非核心层数字经济，可以发现，数字经济核心层占GDP比重与各省经济的发达程度密切相关，各省差异较大；但非核心层增加值占GDP比重在各省分布相对均衡。这个特点与数字经济各层次不同的发展要求密切相关，或许可以为欠发达地区如何侧重发展数字经济提供指引。就数字经济核心层而言，它是数字经济中的"重资产"层，与数字技术的基础设施研发和制造密切相关。

发达地区在发展核心层上先天具备更好的基础设施支持，容易形成竞争优势。但数字经济非核心层对传统"重资产"要素依赖度较低，反而是欠发达地区的一些具有差异性和创新性的"轻资产"要素相对稀缺，更容易形成竞争优势。利用这些要素，欠发达地区可以拉近与发达地区数字经济发展方面的差距，甚至还能实现局部反超。

使用三重划分方式刻画数字经济，可以从生产方式的视角较为准确地把握数字经济的分类特征。不过与传统经济相比，数据作为新的生产要素，是数字经济生产的基础。数据有着迥异于传统生产要素的属性，决定数字经济的宏观形态。因此要理解数字经济的宏观表现，有必要探究数据在数字经济中所扮演的角色。

（二）实现数字经济快速发展的主要经验

一是不断优化政策体系并超前布局建设数字基础设施。我国政府高度重视信息资源开发利用对促进经济社会发展的重要作用，不断优化相关政策体系，促进

数字经济发展。

二是促进数字技术和实体经济深度融合。将产业数字化作为数字经济发展的主引擎，促进数字技术与实体经济深度融合，赋能传统产业转型升级，拓展数字经济发展新空间，是数字经济从规模上实现赶超的重要经验。

三是协同推动技术创新和商业模式创新。创新是数字经济发展的第一动力，推动技术创新和商业模式创新是数字经济发展的两大核心支撑。

四是优化营商环境，支持平台企业发挥积极作用。为数字经济发展营造鼓励创新、公平公正、包容审慎的市场环境，成为数字经济快速发展的有力保障。

五是稳步拓展数字经济国际合作。数字经济将成为国际合作的新领域、新赛道，中国发展数字经济始终注重利用国内国际两个市场、两种资源，共谋合作发展。

（三）我国数字经济发展的路径

1.构建优质的数字基础设施

一是加快信息基础设施建设。扩大互联网接入范围，提高网络质量，建设和完善数据中心、物联网、卫星通信、5G、算力网络等重要信息通信基础设施，深入推进互联互通，扩大高速互联网接入和连接的方式。聚焦关键通道、关键项目，着力推进信息基础设施投资的区域性、全国性和国际性合作，促进对国内和国际数字基础设施的投资建设，迅速在全国范围内实现信息基础设施的普及应用。

二是促进融合基础设施数字化转型。重点面向数字经济、数字政府、数字社会发展需求，促进融合基础设施数字化转型，其核心目标在于以数据为核心，通过数字化手段推进各领域、各行业发展方式转变、供给结构优化和增长动力转换；核心路径在于信息技术的融合应用，打造多层次的互联网平台，最终从多维度、深层次来强化数据要素、互联网和实体经济的深度融合，通过融合、融通、融智来赋能经济社会各领域全面发展。

三是推动创新基础设施建设。创新基础设施是支撑科学研究、技术开发、产品生产和社会服务的"底座"，筑牢经济社会数字化转型发展"底座"，其关键是要围绕创新基础设施的科技研发、应用创新和基础环境展开政策筹划和部署，并促进关键技术的合作研发和开放式创新应用，以构建产、学、研、用多方协同的创新网络与产业联盟。

2.拓展数字技术应用领域

通过数字技术的深度融合实现传统产业升级已成为经济数字化转型的基本模式。我国应充分发挥通信基础设施、数据资源、人力资本和市场体量方面的优势，促进农业、制造业、服务业的数字化转型，促进政府治理数字化，全面加快数字社会的建设。

（1）促进传统产业数字化转型

促进传统农业生产理念、运营方式和管理措施的信息化，实现农产品的寻源、销售、议价和配送的线上化转型；鼓励数字技术充分融入制造业各流程和环节，培育个性化定制、产业链协同制造等新模式，形成更加网络化、智能化的制造业体系；促进智慧物流、数字创意、移动支付等服务业新模式的持续发展，促进电子商务合作，尤其是在跨境电子商务领域加强金融支付、仓储物流、技术服务、线下展示等方面的合作。

（2）推进政府治理数字化

促进政府管理与数字技术的深度融合，打破各部门间的信息"孤岛"，实现数据共享，提升政务服务智慧化水平，即加大"互联网 + 政务"的应用和推广力度，增加网上政务受理业务，优化办理流程，实现数据交换和实时共享。利用新一代信息技术提升服务水平和治理效能，推动5G、大数据、云计算、人工智能、区块链等现代信息技术在政务服务和社会管理中的应用，不断提升公共服务的精准化与精细化水平。

（3）加快数字社会建设

由国家相关部委统筹规划智慧城市建设，从数据融通、系统贯通、机制畅通、生态全通等多个方向开展顶层设计，建立与技术支撑、管理制度相匹配的城市智慧运营服务标准体系。此外，数字社会建设还需要推动数字技术与交通、医疗、环保、文教、城市规划等诸多公共服务领域交叉融合，利用数据资源和数字技术赋能经济社会各领域高质量发展。

3.推动企业数字化创新

（1）构建企业数字化创新的支撑体系

政府需要强化高性能计算、人工智能、物联网等产业新基建的支撑能力，联合龙头企业、研发机构、金融机构等建设数字化转型服务中心，提供行业定制化的数字化产品、技术、咨询和培训等服务。制定相关政策，构建产业数字化创新网络，链接科技资源，推动共性技术沉淀，挖掘创新应用场景，加速数字化技术创新成果转化。把握数字经济的创新属性和跨界属性，通过数字化创新人才引进政策和教育政策，构建多层次的数字化创新人才培育体系，为企业输送复合型人才。

（2）创新财政金融政策

可为积极进行数字化转型的企业提供税收抵扣、政策性贷款及上市融资等多方面的政策支持，引导企业通过数字化转型提升核心竞争力，帮助中小微企业迈过转型门槛。推动国家级投资基金与科技初创企业合作，培育细分领域的数字化产品和服务供应商。设立企业数字化转型基金，引导数字化转型供应商提供普惠性、通用型数字化产品和服务，助力打造各行各业的数字化产业链。统筹运用政府采购、专项债、企业技术改造资金等政策工具，加大对企业数字化转型的政策资源投入和政策工具创新。

（3）促进企业协同创新

鼓励平台型企业依托数字化能力优势，承担"数字化服务商"的职责，积极对外输出数字化产品，推动企业之间建立开放、共享、协同、共赢的新型经济关系。引导企业建立符合协同共生理念的企业战略、组织设计、业务模式，注重自身与外部的连接，增强组织韧性和业务弹性，实现与合作伙伴的资源共通、价值共创、利润共享、协同共生，在更加广阔的范围、更加密切的互动、更加开放的格局下获得整体价值最大化，从而造就更多合格的市场主体，共同推动经济社会发展。

数字经济是伴随互联网普及而产生的新型经济形态，受市场牵引力、政府推动力、科技创新力、企业创造力等多种因素共同影响，对经济社会高质量发展具有重要作用。从全球格局来看，德国、英国、美国等国家的数字经济在全球经济中占据了重要位置，在发展模式方面提供了可资借鉴的经验。当前，数字经济发展已经进入关键技术跃迁、资源要素重组、经济动能转换、治理模式变革的阶段。我国有巨大的产业体系、市场体系和发展潜力，以及海量数据和丰富应用场景优势，当前需要积极创新政策体系，从区域、产业、企业数字化创新的供给侧激发数字消费新需求，促进数字技术与实体经济深度融合，赋能传统产业转型升级、催生新产业、新业态、新模式，激发经济增长新动能，加速构建我国在数字时代的新型技术体系、产业体系和市场体系，不断做强、做优、做大数字经济。

五、数字经济发展十大趋势判断

（一）政策导向：体系化政策正在快速形成

数字经济是当前各级政府关注的重点领域，为此出台了各类政策，支持数字经济发展。结合当前数字经济政策出台现状，笔者预判，未来数字经济政策将呈现体系化局面，全面且深度推动数字经济发展。

1.顶层设计规划持续出台

（1）在国家"十四五"规划的引领下，各地出台的规划中均将"数字经济"作为单独篇章。

（2）国内大部分省级政府出台专项的数字经济"十四五"规划，实现了更加全面的顶层设计。

（3）浙江等地出台地方性法规，从法律层面保障数字经济发展。

2.各垂直领域逐步实现政策全覆盖

遵循市场先行原则，当相关垂直领域发展方向基本明确时，具体的产业规范与促进政策即可出台。目前，智慧城市、工业互联网、云计算、区块链、物联网、网络安全等垂直领域均出台了中央或地方的促进规划，未来随着新领域的诞生和成熟，将有更多的政策推出。

3.各层级政策保证数字经济有效推进

从数字经济顶层到各垂直领域，正逐步形成自上而下的政策体系，实现了从宏观方向指引到具体分工落地的体系化过程。

4.相关政策从基础设施、标杆项目扶持向产业生态全面发展支持方向转变

遵循新兴产业的发展规律，初始政策的重点在于基础设施建设与标杆项目推进，以此为引领，促进产业自发性成长。未来支持的重点，一是新型基础设施，这是数字经济的根基；二是与社会经济数字化转型相关的应用领域，这是数字经济的价值所在；三是自主创新领域，这是更高顶层设计的落脚点。

（二）发展要素：数字化要素与要素数字化

数字经济发展需要要素环境支持，从长期看，相关发展要素的全面数字化是

促进其纵深发展的基石。具体而言包括两个方面。

数字化要素即所谓的数据要素。《中共中央 国务院关于构建更加完善的要素市场化配置体制机制的意见》明确了数据要素的地位，将其等同于人、财、物等传统社会经济的要素形态，作为促进社会经济发展的全新要素。例如，蓬勃发展的互联网经济本质上是生产并深度使用数字化要素，从而创造新的价值。对于数字经济而言，数字化要素是其新价值的源泉，为此，一方面在供给侧通过要素数字化、数字孪生平台建设等方式，促进生产与整合；另一方面需要加强要素市场建设，在确保信息安全的基础上促进其得以深度使用。

要素数字化即将社会经济中的各类要素资源全面实现数字化变革，将其连接到数字化网络中，在数字孪生世界中形成镜像，并且进行智能化管理与控制。例如，在智能化工厂，工厂内部的制造设备、运输设备、原材料与成品等要素均通过传感网络接入平台并进行管理，实现无人化生产制造。对数字经济发展而言，一方面社会经济中的各类要素实现了全面的数字化接入与应用，扩张了数字化的边界；另一方面将其转化成为数字化要素，为创造新的价值奠定基础。

（三）要素配置：全时空的要素经营模式

数字经济模式下，通过网络能够对社会经济的各类要素进行连接，通过平台能够对各类要素进行智能化调度，由此实现对当前各类要素全时空的经营，从而发挥要素的最大价值。

全时间的要素经营即将各类要素的应用时间进行最小化切片，每个时间单元能够独立使用，从而发挥出要素的最大价值。典型场景：一是在智能化生产线上，将原来连续性生产同类型产品模式转变为每两件产品都是不同形态的生产模式，其背后需要生产线工艺参数快速调整、配料系统片段化配送等方面的支持；二是各类共享经济模式，如共享单车、共享充电宝等，均是对各租赁品的高效碎片化经营。

全空间的要素经营即将分布在不同地理空间的要素在逻辑上进行整合，进而以整体方式开展价值经营。典型场景：一是外卖、网约车、人工智能训练师等灵活用工模式，将分布在城市、乡村的劳动力资源予以整合，实现任务分配与有效的考核激励；二是通过数据交易市场，将产生于不同时空的分散数据通过统一的关键词等予以聚合，进而通过用户画像等方式实现最大价值。

（四）产业重心：新一轮重心从基础设施向终端、应用领域转移

数字经济发展呈现较为明显的代际更替特征。在不同时代均会出现具有代表性的技术，并由此衍生出各种基础设施，进而实现终端与应用的规模化发展，促进产业价值规模化实现。

在当前所处的数字经济新发展阶段，产业发展的代表性"底座"是5G通信网络，以及同时代发展的人工智能、大数据、云计算、边缘计算、区块链、物联传感网等，这是数字经济发展的新一轮驱动力，决定了未来十年甚至更长时期的发展走向。

参照数字经济的前期发展规律，当前产业的重心在于各类新型基础设施建设，涵盖了高速的泛在通信网络、存储与计算设施、算力中心等IaaS层的建设内容，以及连接管理平台、终端管理平台、工业互联网平台等PaaS层的基础设施，同时通过各类大赛促进标杆应用发展。

当前产业内的核心企业是电信运营商、互联网平台类厂商等，它们将奠定未来十年数字经济发展的基础。

新时代数字经济的重心将从当前的基础设施建设向终端和应用层面转移。终端和应用厂商融合打造各类行业解决方案，为社会经济各主体的数字化转型价值实现提供保障。主要原因：一是数字经济的核心价值在于产业数字化领域应用，即以数字化方式对传统产业进行改变，这均需要终端和应用提供支持；二是据测算，到2023年，新一轮基础设施将初具规模，标杆项目亦将普遍化，进入新的产业发展阶段；三是5G的80%场景是垂直领域应用，为了更有效地推动5G技术在相关领域的发展，需要以专业化终端为载体带动应用发展。

（五）自主创新：突破"卡脖子"环节的策源地

目前，我国科技界和产业界正协同努力实现科研自主化，而数字经济在发展过程中将成为突破"卡脖子"技术环节的策源地。

1.数字经济内部的突破

"卡脖子"的技术环节主要出现在信息通信领域，它决定了数字经济能否发展的问题。比如我国上游芯片研发与制造等影响产业发展。

2.其他产业的联动式突破

目前，众多的技术研发需要数字经济的应用成果支持。例如，"重型燃气轮机"需要通过数字化软件进行立体设计，同时在仿真环境中初步测试。

（六）区域发展：集聚效应与溢出效应同步显现

对所有产业而言，在区域发展上均存在集聚效应与溢出效应。集聚效应是指各企业向资源高地集聚，并通过联动效应形成产业集群；溢出效应一是在供给侧，随着资源高地经营成本上升而向其他地区尤其是市场所在地迁移；二是在需求侧，逐步开拓各类下沉市场，并由此带动供给侧迁移。数字经济也不例外。历经近30年的高速发展，数字产业已经形成了以经济发达地区、核心城市为代表的产业聚集地，同时，各类新型应用正在全国范围内铺开。根据数字经济的产业特点，预计未来是集聚效应与溢出效应同步演进的过程。

1.集聚效应

从供给侧角度看，由于产业内的高端资源，包括人力资源、资金资源、科研资源、交流门户资源等仍然聚集在经济发达地区或核心城市，导致产业内的大型企业总部以及研发、销售、公关等精英型部门保持集聚状态，而一些兴起于其他地区的企业为了更好发展，也将总部或相关部门向高端资源集聚地迁移，同时，高端资源的聚集带动了创新创业的发展，基于新技术、新模式而诞生的企业将继续主要在上述地区产生。从需求侧角度看，经济发达地区或核心城市对新事物的接受能力较强，支付能力也较强，未来将继续承接新兴应用、标杆项目，发挥示范作用。

2.溢出效应

基于数字化连接实现的资源要素有效控制范围更加广泛，由此加速了数字经济的溢出效应突显。未来数字经济领域溢出的重点在于五个方面，一是云计算基地等重型资产需要向土地成本、能源成本较低的地区迁移；二是业务运营等对人员素质要求不高且需要本地化落地的公司，如电子商务企业的呼叫运营中心、共享经济的本地化运营公司等；三是地方政府的项目型公司，如智慧城市的建设和运营公司；四是灵活工作的模式，如人工智能训练人员、基于各类平台开展灵活工作的个人等；五是各类数字化服务的全面普及，包括各类移动互联网应用和行业应用在下游市场的普及等。

（七）组织形态：虚拟化组织形态将规模化发展

数字经济对社会经济中的要素实现了全时空的连接与聚合，对于社会经济中的各类微观主体而言，它将进一步促进虚拟化组织形态的发展。

1.全面在家办公模式的推广

在一台电脑、一根网线、一张桌子、一把椅子就能够组成全部劳动工具的办公模式下，只要能够保证正常的日常会议交流、工作任务的分配等，在家办公与集中办公无显著区别，数字化工具已经能够提供良好的保障。目前已有越来越多的公司推出了在家办公模式。

2.灵活的资源整合与使用模式

现有的各类平台经济模式是典型的灵活资源使用模式，以C2C模式为主。例如，外卖平台通过聚合卖家、买家和物流，形成了完整的业务链条。未来，C2B的虚拟组织形态将会越来越多。例如，百度与山西省合作，在太原共建百度（山西）人工智能基础数据产业基地，提供数万个人工智能训练师岗位，即便是普通的山村妇女亦能承担，确保了百度相关工作的落地。

3.产业链资源的协同

推动产业链各环节高效合作，形成端到端无缝集成，达成类似虚拟型组织形态，是产业界的长期追求。以往仅有戴尔等核心企业能够做到，它们会要求合作伙伴在周边建厂，按订单供货，从而确保自我的零库存。而在数字经济中，随着第三方平台对全产业设施的整合以及数字化工厂的实践，即便是小型下游企业的零散订单也能够要求上游厂商实现快速生产。

（八）社会治理：智能化有序发展模式落地

社会治理一方面需要保证当前社会经济有序运营，另一方面需要明确未来发展导向，使发展符合规律。

智慧城市、数字政务等的发展正逐步实现社会经济中全时空数据的采集与整合，包括通过物联网采集环境数据，通过互联网采集公众舆情数据，通过系统接口导入政务以及重点企业的运营数据等，将这些数据连接至智能指挥中心的大屏幕，可以对社会经济运行现状予以全面展示，及时进行问题处理。如发现城市部件损坏或丢失，及时调度相关责任部门或网格化管理人员现场处置。

除了快速解决问题之外，伴随人工智能等技术的发展，未来将实现智能化有序发展模式。从宏观角度看，对于产业发展，结合丰富的历史数据可以形成更准确的发展规划，政府以预判的方式对潜在波动预先调节，避免单纯依靠市场模式所带来的滞后问题。从中观角度看，对于城市的运营管理，如城市交通，不只是在出现拥堵时进行红绿灯的调整，而是通过人车路的全面协同对交通要素进行调度。从微观角度看，对于个人及企业的生存和发展，理论上能够实现预先干预，包括对社区养老的重点关注等。

（九）产业发展：去虚向实的新动能形成

根据定义，数字经济包括数字产业化与产业数字化两个部分。从绝对规模来看，二者均保持增长态势，但从发展增速以及在国民经济中的占比来看，后者增速远高于前者。据中国信通院的数据，在数字经济的内部结构中，2015年二者占比分别为25.7%和74.3%，而到了2020年则变为19.1%和80.9%。这表明我国数字经济呈现"去虚向实"的发展趋势，实体经济获得了新动能，成为我国经济高质量发展的底层驱动力，并且相关的赋能是全地区、全行业的赋能。以下列举一些已经出现的场景案例。

1.农业数字化

在农村，面对劳动力人口缺乏的趋势，数字化应用将成为常态。如对于农药喷洒等大面积的工作，智能植保无人机将发挥主要作用；对于畜牧养殖，随着监控类终端成本的下降，散养模式将从牛羊等大牲口逐步向鸡鸭等小型家禽转变等。

2.制造数字化

工业设备标志节点、工业互联网平台等已经为制造业数字化提供了全面的基础设施。未来，制造业的数字化将呈现广度和深度同步发展的局面，在深度上，以"灯塔工厂"为标杆示范引领，促进更多数量的无人工厂形成；在广度上，公用基础环境支持各类工业设备连接入网，并通过相应的工业App实现运行状态查看、维保预测等方面的应用。

3.物流数字化

无人化是当前物流领域的重要发展趋势。目前，在一些物流园区内部，无人化运输模式已经成熟，包括大型无人车辆、小型AGP车辆等已组成车队；在公众道路上，L4级的无人运输车辆亦实现了上路测试。随着无人驾驶技术的成熟以及人、车、路云协同交通体系的搭建，无人物流应用将更为广泛。

（十）生活服务：数字鸿沟缩减与数字化生存

数字经济将继续为公众带来丰富的终端、内容和应用，除此之外，未来主要的变化体现在两个方面。

1.数字鸿沟缩减

缩减数字鸿沟，让各个年龄段、各个地区、各个职业的人群都能够加入数字经济生态当中。在我国，数字鸿沟正在持续缩减，主要原因有四个：一是政府部门大力推广。二是政府推进无障碍改造。例如工信部在2020年年底印发的《互联网应用适老化及无障碍改造专项行动方案》解决了部分边缘人群使用数字技术的问题。三是各类商家促销。例如支付宝线下支付上线时的促销、各类社区买菜App的促销等，以实际优惠带动用户使用。四是家庭结构变化。老人单独抚养孙辈的场景普遍，需要借助智能化应用实现与父母的沟通以及孙辈的休闲娱乐等。

2.数字化生存

数字化生存已从早期的能否生存发展到现在的可以生存阶段，未来将向依赖方向转变。例如，对于养老而言，集中式养老服务的严重不足让居家式养老成为主要模式，为此需要借助智慧化的设施对独居老人进行监控；对于医疗而言，互联网医疗已经兴起，并且伴随着智能医疗器械的小型化、民用化，居家的精准远程医疗有望成为现实。

第二节 数字经济背景下企业数字化转型的模式与策略

一、数字化转型

有关"数字化转型"的界定，本节主要从数字化转型的特征、方式及其内涵等三个方面来进行阐述。

（一）数字化转型特征

数字经济的发展可以促使企业或产业沿着价值链攀升[①]，进一步促使其主体进行数字化转型，以适应数字经济发展要求，增强参与者数字时代体验感。在此过程中，数字化转型体现出以下三个方面的特征：

1.创新性

数字化转型是有关主体根据需要在相关领域中应用5G、大数据及云计算等新一代数字信息技术进行改革的动态过程。数字化转型过程对创新要求极高，一方面，数字技术基于数字经济发展态势不断进行创新，以促使技术自身进行更新升级；另一方面，企业应依据自身发展特点对相关数字技术应用的切入点、场景及具体操作进行创新，以提高数字技术应用灵活性，与企业发展深度融合，达到增强企业市场竞争力的目的。

2.变革性

数字化转型利用技术变革驱动相关运营模式及商业模式变革，极大程度地提高企业生产效率，加速产业升级优化，甚至从根本上促进政府及整个社会行为模

---

① 裘莹，郭周明.数字经济推进我国企业价值链攀升的机制与政策研究[J].国际贸易，2019（11）：12-20.

式的变革①。因此，数字化转型是涉及范围极广，包括企业、产业、政府乃至整个社会的一场变革。

3.不可逆性

数字化转型通过相应的变革，作用于经济系统并使其产生一定的"质变"及结构性变迁，形成技术经济范式，以促使数字经济发展进一步演化。这个过程并不意味着数字化转型一定会对经济社会带来正向影响，但它一定是不可逆转的②。

（二）数字化转型方式

数字化转型普遍聚焦于技术层面与战略层面，通过数字技术应用及数字战略布局实现数字化转型，但不同类型企业采用数字技术与数字战略的方式及侧重点有所不同。

1.数字技术应用助力数字化转型

对于数字化起步较晚的企业来说，灵活采用市场上现存的数字技术，如互联网、大数据分析等，将其运用到具体的业务中，扩展其运营模式以增强企业数字竞争力。在此过程中，主要以数字技术应用为主，再根据企业成长的需要制定相应的数字战略加以辅助，助力数字化转型。

2.数字战略布局促使数字化转型

数字化程度相对较高的企业通过布局数字战略，调整组织架构，成立独立的与数字化运营相关的部门以加强企业数字化运营专业性。以数字战略布局为主，数字技术应用为创新手段，赋能其他产业联动发展，倒逼企业进行数字化转型，寻求新业务或新商业模式的开展。

（三）数字化转型内涵

针对数字化转型，学者们已经进行了丰富的探讨：哈格伯格等认为数字化转型是指生产网络的数字化应用引起一系列社会经济变化的动态过程；陈春花认为

---

① 吴静，张凤，孙翊，等.抗疫情助推我国数字化转型：机遇与挑战[J].中国科学院院刊，2020，35（03）：304-311.

② 杨虎涛.不可逆性的演化经济学含义[J].社会科学战线，2017（08）：33-39.

数字化转型意味着完全改变创造顾客价值的方式，是基于数字理念打造新的能力体系以实现转型的过程①；笔者认为：数字化转型是以创新性、变革性及不可逆性为特征，塑造数字化理念，运用现代数字技术以改变企业运营方式、产业发展模式、政府治理思维，进而满足数字经济发展新要求的动态过程；因此数字化转型是包含微观、中观及宏观的复合型概念。

二、企业数字化转型动力的机理分析

随着经济社会的发展与时代的不断进步，互联网、电子商务等新兴产业应运而生。在新兴领域的研究中，马克思主义基本原理依然可以作为基本理论去搭建相关研究的理论逻辑。立足于我国的现实国情，将马克思主义基本原理直接或间接地运用于新时代经济或社会的课题研究中，依然具有极其重要的现实指导意义。因此本章主要运用马克思主义基本原理从以下三个方面对企业数字化转型的动力进行逻辑分析：其一，数字技术的发展与进步为企业进行数字化转型奠定了必要的技术基础；其二，数据参与分配是推动企业数字化转型的必备客观条件；其三，追求超额利润是企业数字化转型的主观动机与根本动力。

（一）数字技术为企业数字化转型奠定了技术基础

新一代数字信息技术的创新发展大大提高了经济社会的数字生产力，支撑着数字经济的发展。马克思认为社会劳动的生产力是受多个因素影响的②。随着大工业与数字经济的融合发展，现实财富的创造与积累更多地取决于当前社会中科学技术的平均水平、迭代速度及应用情况③，而非劳动时间的简单堆积。因此数字技术的进步是推动社会生产力变革的关键因素，致使经济形态发生改变，逐渐形成数字经济形态。

数字信息技术的发展与进步为企业进行数字化转型奠定了必要的技术基础。一方面数字信息技术的进步能够提高企业进行数字化生产的劳动生产率。运用马克思的相关观点进行分析可知，数字信息技术的发展与运用决定着资本划分

---

① 陈春花.传统企业数字化转型能力体系构建研究[J].人民论坛，2019（18）：4–12.

② 其中包括：工人的平均熟练程度，科学的发展水平和它在工艺上应用的程度，生产过程的社会结合，生产资料的规模和效能，以及自然条件。

③ 马克思恩格斯选集：第4卷[M].北京：人民出版社，1995：196.

为不变和可变部分之间的比例①。而在当前社会性质确定且发展速度较为稳定的情况下，财富的积累与人的发展密切联系在一起②。因此当企业的生产部门合理有效地配备数字化软硬件设施及高技术人才时，将会大幅提升该企业生产部门的劳动生产率③。在数字经济时代，只要有某一个部门率先完成数字化转型，实现生产方式的变革，"必定会引起其他部门生产方式的变革"④。在这里值得注意的是，在数字化生产的过程中，数字信息技术及相应的数字化软硬件设施，"总是全部地进入劳动过程，但始终只是部分地进入价值增殖过程"⑤。数字技术及数字化生产设备本身不创造价值，但它把自身的价值逐步转移到它所生产出来的数字产品或所提供的数字化服务之中，从这个意义上来说，数字技术及数字化生产设备是数字产品或服务价值的一个组成部分。

另一方面，数字信息技术的进步促使企业各部门之间的协作数字化及分工专业化，有利于推动企业组织的数字化变革。互联网、5G等数字信息技术的发展使得协作⑥不受时间及空间上的限制，有利于扩大协作范围，大幅提升协作的效率。企业在技术进步下的数字化生产运作本身就是一个庞大且复杂的体系，需要大量的局部工人分工协作完成⑦，数字信息技术的发展及应用为专业化的分工创造了条件，有利于降低企业进行生产运作的成本⑧。正如马克思所说："且不

---

① 这是因为："在同一生产方式的基础上，在不同生产部门中，资本划分为不变部分和可变部分的比例是不同的。在同一生产部门内，这一比例是随着生产过程的技术基础和社会结合的变化而变化的"。马克思.资本论：第1卷[M].北京：人民出版社，2004：339-340.

② 这是因为："在劳动力价值及受剥削的程度相同时，不同的资本所生产的价值量和剩余价值量，同这些资本的可变部分即转化为活劳动力的部分的量是成正比的"。马克思.资本论：第1卷[M].北京：人民出版社，2004：340.

③ 类似于马克思所说的："大工业把巨大的自然力和自然科学融入生产过程，必然会大大地提高劳动生产率"。马克思.资本论：第1卷[M].北京：人民出版社，2004：424.

④ 马克思.资本论：第1卷[M].北京：人民出版社，2004：421.

⑤ 马克思.资本论：第1卷[M].北京：人民出版社，2004：424-425.

⑥ 马克思将"协作"定义为："许多人在同一生产过程中，或在不同的但互相联系的生产过程中，有计划地一起协同劳动"。马克思.资本论：第1卷[M].北京：人民出版社，2004：362.

⑦ 任颖洁.《资本论》中"技术进步-产业升级"思想与就业路径研究[J].当代经济研究，2020（05）：1-10.

⑧ 这是因为："把不同的操作分给不同的人，因而可以同时进行这些操作，这样就可以缩短制造总产品所必要的劳动时间"。马克思.资本论：第1卷[M].北京：人民出版社，2004：364.

说由于许多力量融合为一个总的力量而产生的新力量。在大多数生产劳动中，单是社会接触就会引起竞争心和特有的精力振奋，会提高每个人的个人工作效率"①，数字信息技术的运用更是为扩大这种社会接触的影响提供技术支撑，推动企业组织数字化高效化变革，大大提高企业工作者的工作效率。

（二）数据参与分配是企业数字化转型的必备条件

非实物形态的数据之所以能参与分配，是因为它随着数字经济的发展逐渐资本化，具有资本的性质，也是一种特殊的资本。结合马克思主义基本原理分析可知，在互联网、大数据及人工智能等相关数字技术运用所形成的数字网络中，社交媒体日常使用过程中所产生的数据转变为资本要经历两个阶段。

1.商品化阶段

用户在使用社交媒体的过程中需要消耗一定量的体力与脑力，基于此产生的相关数据以劳动产品的形式存在；当这些数字劳动产品"通过交换，转移到把它当作使用价值并进行使用的人的手里"②，则成为数据商品，即在市场经济中，通过数字劳动产生的数据，以盈利为目的被用于交换时，才以商品形式存在，它具有价值，同时也能够为社会创造相应的使用价值。

2.资本化阶段

用户在日常生活中使用各种软件产生数据的数字劳动是无偿劳动，依然具有"剥削"性质。类似于大型互联网头部企业基于企业数字业务体量及相关数字技术优势，无偿占有用户的数字劳动及其产生的数据价值。根据业务发展需要抽取其无偿占有的数字劳动所产生的相关数据，经过数字技术处理形成数据群，进行交换买卖③，卖掉其数据商品"并把由此得到的绝大部分货币再转化为资本"④，并用于企业持续进行数字化发展所需追加的生产资料和劳动力，数据商品则转变为数字资本。在此过程中数据则以资本形式存在。

数据参与分配是数字经济发展的必然趋势，是企业进行数字化转型的必备

① 马克思.资本论：第1卷[M].北京：人民出版社，2004：362-363.
② 马克思.资本论：第1卷[M].北京：人民出版社，2004：54.
③ 刘璐璐.数字经济时代的数字劳动与数据资本化——以马克思的资本逻辑为线索[J].东北大学学报（社会科学版），2019，21（04）：404-411.
④ 马克思.资本论：第1卷[M].北京：人民出版社，2004：651.

客观条件。数据参与分配主要涉及两个方面：一方面是数据作为生产要素参与分配。由要素分配论的相关理论分析可知，数据已然成为一种特殊的生产要素，其分配原则是由社会生产关系决定的。在资本主义社会中，数据作为生产要素如何分配，是由数据占有者，即资本家决定的。而在社会主义社会中，公有制的数据资源是由全民共享，非公有制的数据资源是在既定法律条件下由市场主导分配。另一方面是数据作为最终产品参与分配①。在我国，数据产品的分配须满足基本分配制度②的相关要求，主要是由数据采集、分析及应用过程中的劳动者按所付出的劳动量决定的。

　　综上所述，数据作为数字经济发展的核心要素，参与分配有利于推动大数据与各产业发展的有机结合，激发数据参与社会生产及发展的活力。从国家层面上指出数据是生产要素并参与分配，表明了我国完善数据分配制度的决心，确定了发展数字经济的基调，倒逼企业进行数字化转型。因此数据参与分配为企业进行数字化转型创造了必备的客观条件。

　　（三）追求超额利润是企业数字化转型的根本动力

　　在数字化时代中，马克思在劳动价值理论中所阐述的"劳动"结合数字信息等现代技术形成一种新的劳动形式③，即数字劳动④。根据劳动价值理论的相关阐述可知，数字劳动包含具体劳动与抽象劳动。某个用户在社交媒体中发布视频、图像及评论等，这种基于一定目的的劳动力耗费则构成数字劳动的具体劳动⑤，发布的具体内容可以满足人们的某种需要，因此数字劳动的具体劳动所产生的数据信息能够给经济社会创造出使用价值；全部用户的数字行为，如网页搜

---

① 龚晓莺，杨柔.数字经济发展的理论逻辑与现实路径研究[J].当代经济研究，2021（01）：17-25.

② 按劳分配为主体，多种分配方式并存。

③ 吴欢，卢黎歌.数字劳动与大数据社会条件下马克思劳动价值论的继承与创新[J].学术论坛，2016，39（12）：7-11.

④ 数字劳动是能熟练操作数字设备，具有一定数字技术基础的劳动者，以物化的数字技术为劳动资料，以文字及图像等形式的数据为劳动对象，运用电脑等电子产品，进行相关活动的新的劳动类型。

⑤ 马克思.资本论：第1卷[M].北京：人民出版社，2004：60.

索和浏览行为，这种没有具体形式，一般意义上的人类劳动[①]则形成数字劳动的抽象劳动，给予商品生产者有关设计商品大小、形状及功能的需求信息从而基于相关技术运用进行相应生产，创造价值，体现了数字化时代社会生产过程中的数据生产者、信息使用者及商品销售者等相关参与主体之间的社会关系。

基于数字技术运用生产的商品的价值量是由社会必要劳动时间决定的。数字信息领域"科学的发展水平和它在工艺上应用的程度"[②]越高，数字劳动生产力则越高，其所生产出的数字商品的价值就越小。由剩余价值生产理论的相关分析可知，在数字经济发展的初期，个别企业家通过数字信息技术提高企业劳动生产力，进行数字化生产及运营，其生产商品所耗费的劳动时间少于社会平均条件下生产同种商品耗费的劳动时间，这说明个别企业家基于数字信息技术所生产的商品价值低于社会价值，从而获取了超额剩余价值。基于此，该商品的个别生产价格会低于社会生产价格，采用数字信息技术进行数字化运营的企业则会获得多于平均利润的额外利润，即超额利润。由于市场竞争规律的存在，个别企业家运用数字信息技术进行生产运营从而获取超额利润的做法，会被所在产业的其他企业家复制推广，最终吸引更多的企业提高数字化生产及运营能力，进行数字化转型。

综上所述，追求超额利润是企业改进生产技术，进行数字化转型的根本动力，亦是主观动机。在数字信息时代，各个企业家对超额利润的追求，有利于提高社会的劳动生产率水平，促进数字经济的发展；数字经济的进一步发展，再次推动各个企业进行全方位的数字化转型以追求更多的超额利润，如此形成一个良性循环。

三、企业数字化转型现有路径解析

企业进行数字化转型对我国国民经济与社会发展能够产生深远影响。但当前企业的数字化转型仍处于探索之中，尚不存在统一且明晰的转型路径。在阅读相关文献的基础上，研究企业数字化的现实操作，根据其数字化着力点的不同，可将其数字化操作模式归纳为当前我国企业数字化转型常用的三大路径：生产服务

---

① 朱方明，张衔.政治经济学[M].四川大学出版社，2001：41.

② 马克思.资本论：第1卷[M].北京：人民出版社，2004：53.

数字化转型路径、营销模式数字化转型路径及产业数字化转型路径。

（一）生产服务数字化转型路径

生产服务数字化转型是企业通过开发数字信息新技术或在现有技术的基础上进行创新及应用，促使其在生产和服务等方面数字化的动态过程。而生产服务数字化转型路径，即为企业以生产服务数字化转型为先驱，进而推动企业进行全方位数字化转型的路径，是一条"由点及面"的转型路径。

首先，企业通过融合数字信息技术与生产制造技术，实现其进行生产及提供服务的数字化。当前我国企业主要采用市场上现有的数字信息技术，用以提高自身的生产效率及服务质量。生产服务环节的数字化促使数字化成为企业生产经营的一种新生产力。结合劳动价值理论与主要矛盾论的相关理论分析可知，企业借助数字化的生产力，生产内含劳动量相对较小的普惠性产品，即相应的数字产品，有利于提高企业自身竞争力，也有利于满足人民日益增长的美好生活需要。

其次，实现生产服务数字化的企业，会根据自身业务优势调整企业数字化发展战略，进一步推动企业进行深层次数字化转型。由生产力与生产关系的辩证分析可知，只有寻求与新生产力相匹配的生产关系，才能最大限度地发挥企业在助力新时代高质量发展过程中的微观基础作用，使得企业发展满足新时代要求。因此，生产服务数字化作为新生产力的运用势必会促使企业改变原有的经营管理模式，推动企业实现发展方式及战略的全方位数字化转型。

（二）营销模式数字化转型路径

营销模式数字化转型是企业利用数字信息手段自建数字运营平台或有效使用第三方数字运营平台，提升企业数据搜集、分析、运用的效率及精准度，增强企业运营集成性，以提高企业数据运营能力及个性化服务能力的过程。而营销模式数字化转型路径，即企业以营销模式数字化转型为重点，从而"由点及面"地带动企业实现数字化转型的路径。

首先，企业运用大数据、互联网等数字信息技术，运营相关数字平台，实现其营销模式的数字化，以满足企业在数字消费市场的盈利需求。当前我国的数字消费市场规模较大，我国网络购物用户规模与网民规模的差值不断减小，网民数量呈现出不断上升的态势，互联网的普及程度较高。

数字消费需求及市场规模的不断扩大，意味着企业营销模式数字化转型的刚性需求持续增加。结合交易费用理论的相关分析可知，企业处于数字消费市场亟须调整自身发展战略，采取一切合理有效的方法推动企业进行营销模式数字化转型，促使企业在数字市场交易频率大幅增加的背景下，运用数字信息技术有效降低信息不对称，扩大交易量，降低相应的交易费用，以更低的成本提供个性化的服务，进而增强企业数据盈利能力及综合竞争力。

其次，实现营销模式数字化的企业，会根据业务流程需要逐步完成企业其他方面的数字化转型。具体来说，营销模式的数字化带动企业进行业务流程再造，实现企业组织结构的数字化变革；推动企业塑造数字化经营理念，逐步形成具有企业发展特色的数字文化。最终提高企业数字运营的集成性，促使其实现全方位的数字化转型，融入新时代数字经济发展，顺应时代发展变化。

四、企业数字化转型的优化策略

基于企业数字化转型的难点及影响因素分析可知，为解决其转型能力不足致使"不能转"、契合程度不高致使"不会转"以及兜底保障欠缺致使"不敢转"的问题，须综合考虑影响企业数字化转型的因素，从企业所在的内外部环境两个维度着手，对促进企业数字化转型提出相关的对策建议。结合本文的理论与实证分析可知，应由政府、市场及企业自身等联合为企业数字化转型创造条件，即政府与市场为企业提供数字化转型的外部支撑机制，企业须采取相关措施提高自身的数字化转型能力。因此本节从政府主导加强政策服务、市场引领构建生态系统、企业自主改善内部环境三个维度出发，提出促使企业进行数字化转型的相关对策建议。

（一）政府主导加强数字化转型政策服务

政府须通过打造协同高效的顶层设计机制、完善数字化转型要素供给政策、提高政府数字治理及服务能力，充分发挥加强数字化转型政策服务的主导作用，进一步拔高数字经济发展及企业数字化转型的战略高度，为企业数字化转型发展提供必要的兜底保障。

1.打造协同高效的顶层设计机制

加强数字化转型政策服务须由政府主导并提供总抓手，打造利于企业数字化转型进行数字化发展的顶层设计机制，对其进行全局布控、系统规划。

具体须从以下几个方面着手：

（1）设置专有的职能机构，从整体上布局引导企业数字化转型

设置专有的职能部门，如成立企业数字化转型领导小组，建立企业数字化转型成功案例展厅等，从建机制、打基础、搭平台、扶产业、造生态等层面出发，科学制定数字化转型规划，引导社会资源合理配置，统筹分配其职能工作，为企业数字化转型提供有力支撑。

（2）完善数字经济及数字化转型相关的统计指标体系

我国尚未建立全面统一的针对数字经济发展及数字化转型效果的科学统计指标，已有的统计数据还不能从整体与客观的角度全面把握数字经济发展及企业数字化转型的实际情况。因此须完善建立符合我国实际情况的数字经济及数字化转型统计指标，并根据指标体系统计掌握数字化转型总体情况、具体细分难点等客观问题，为政府下一步精准施策、科学调控提供重要的客观依据；为企业下一步发展重点及方向提供科学的参考依据。

（3）探索新型评价考核机制

我国在对企业和政府数字化发展成效的评价方面仍以直接贡献为主要指标，如税收、就业、营收等。企业数字化转型是一个系统且漫长的过程，无法短时间内达到现有指标的评价标准。为此应由政府主导探索符合数字经济发展的新型评价考核机制，重视企业数字化转型过程中通过跨界融合所发挥的溢出效应和带动效应，引导鼓励企业数字化转型。

2.完善数字化转型要素供给政策

政府须完善数字化转型相关要素供给政策，保证企业数字化转型过程中所需的资金、技术及制度供给，具体包括以下几个方面。

（1）完善资金供给政策

主要通过两个方面为企业数字化转型提供资金保障。其一是政府通过设立企业数字化转型扶持基金，对企业数字化转型相关的研发支出进行补贴等，直接地为企业进行数字化转型提供资金上的帮扶。其二是政府间接为企业数字化转型提供资金支持，针对数字化转型前景较好的企业，在税收上通过相关研判适当给予一定的优惠；鼓励银行等金融机构根据企业实施数字化转型的相关需求为其提供优惠便利的金融服务；打造创新投资机构聚集平台和服务平台，实时共享有关企

业运营能力、信用评估及质押担保等数据，营造创投生态圈，以此畅通企业数字化转型的融资渠道，降低企业融资增信的成本，提高其数字化转型过程中的融资能力及效率。

（2）加大技术创新政策支持力度

一方面通过加大各级财政部门对企业技术创新活动的资金投入力度，落实企业数字化转型过程中有关技术创新的财政优惠政策等，鼓励企业根据自身业务需要设置相关的研发中心，增加技术创新投入规模，加强与高校在研发方面的合作力度，提高企业在技术创新方面的能力。另一方面可由政府牵头依据企业技术创新、经济与社会发展等实际需要，建设企业技术方面的智库，为其数字技术的创新及应用提供参考蓝本；搭建一系列与企业数字化转型相关的技术创新与技术转化平台，开展技术成果转移转化试点示范，完善并落实技术创新成果转化的资金、人才等方面的支持政策，促进企业技术创新成果的转移转化。在此过程中政府应做到"一产一策"，甚至"一企一策"，有根据的适度协调倾斜，以促使数字技术的产业及区域均衡发展。

（3）加快制度创新建设

企业数字化转型的过程中，数字技术逐步成为一种新的生产力，结合生产力与生产关系辩证及技术创新与制度创新等理论分析可知，应顺应数字技术的发展规律，加快相关制度创新建设，高度重视企业数字化转型过程中的制度供给。

其一，监管制度创新。数字技术的广泛应用使得数据及隐私安全保护需求增加，以人脸识别的技术应用为例，其运用于移动支付、智慧家居、自动售卖等众多场景，其所产生的数据信息被众多联网设备、应用软件采集。因此须加快监管制度创新，把数据及相应的算法纳入监管范围，对数据信息与相关隐私实施有效的数据隔离与访问控制，防止数据泄露对经济运行秩序、国家安全及社会稳定造成威胁。

其二，反垄断制度创新。根据剩余价值生产理论分析可知，大型企业在数字资本的获取及积累等方面的能力要强于微小企业，因此应加快反垄断制度创新，防止大型互联网企业在数据及技术方面形成垄断。

其三，产权制度方面的革新。对数据及相关虚拟数字产权进行清晰界定，着实保障数据、数字技术创新方面的知识产权。

其四，其他必要的制度方面的创新，如加快劳动就业保障制度创新，切实保护外卖配送员、直播销售员等新职业工作者的合法权益。

3.提高政府数字治理及服务能力

政府应创新行政管理服务的方式，加强数字政府建设，提高数字治理及服务能力，尽可能地为企业提供便利，为此须从以下三个方面着手。

（1）积极推进新型基础设施[①]的建设

基于新一代数字信息技术，有规划地升级传统的基础设施，建设如智能交通在内的融合基础设施。新型基础设施的建设便于政府利用相关数字信息技术为企业提供相关科技咨询与检验检测认证等便捷式服务，为政府进行数字治理与服务奠定了基础。在推进新型基础设施建设的过程中，应注意厘清政府与市场的边界，有效激发民间投资活力，鼓励民间投资投入建设。

（2）大力推进数据共享

一方面促进政府与企业之间的数据共享。搭建公共基础数据共享平台，鼓励企业发展数据上云上平台；提高司法、工商、征信等公共数据开放质量，增强共享数据的准确性与及时性；对企业的核心数据及政府的涉密数据进行替换或脱密处理，加大数据安全保护力度，探索形成政府与企业之间数据共享的长效机制。另一方面推动政府各工作部门之间的数据共享。明确与企业数据对接的部门责任，提高对医疗教育等关键公共数据的开放共享质量，统一各部门、各产业共享数据的搜集及划分标准，促进数据跨部门、跨层级、跨产业、跨区域融合，降低企业使用相关公共基础数据的成本。

（3）培养政府部门工作人员数字能力

通过培训、讲座等方式提高政府部门工作人员的数字意识，提高运用新一代数字信息技术的技能；通过引进专业的技术型人才，有效运营政务网，开发政务App，并根据民众及企业体验反馈改进相关环节，保证民众及企业办事"最多跑一次"；搭建数字政务学习平台，培养相关工作人员的数据思维，运用数据进行决策，简化企业相关审批证明的运行流程，增强政府工作的灵活性，提高政府服务效能。

---

①　包括基于新一代数字信息技术演化生成的信息基础设施，如5G、大数据、物联网、工业互联网、人工智能及区块链等。

（二）市场引领构建数字化转型生态系统

市场应基于政府提供的政务环境，引领构建企业数字化转型生态系统，充分发挥在数字化领域资源配置过程中的决定性作用。通过加快现代产业体系建设，推动产业集群发展及发挥中介机构支撑作用等，为企业数字化转型提供优质的外部市场环境，提高企业与数字经济发展的契合程度。

1.加快现代化产业体系建设

现代化产业体系的完善，宏观上可以推动经济体系结构的优化升级，满足高质量发展的内在要求；微观上能够扩大企业数字化发展范围，提高其自主应对各类风险的能力，是增进民生福祉的基础支撑。因此须做好以下几个方面。

（1）重视实体经济的发展

在持续深化供给侧结构性改革的主线上，推动现代产业的发展，提高社会制造供给水平，有效地增加中高端供给，提高有限资源的利用效率，进而提升社会的全要素生产率。通过实施数字化改造，提高大数据等数字信息技术服务实体经济的能力，形成经济发展的新动能，促使产业迈向中高端。

（2）提升产业链的数字化水平

一方面通过加大相关重要产品及关键核心技术的攻坚力度，打造新能源、绿色环保及信息技术等新兴产业链，推动产业基础高级化，以促进战略性新兴产业的发展。另一方面通过加强数字应用模式的创新，重构产业链间的资源配置方向，培育新业态，延展产业链范围，推动传统产业的数字化转型发展。

（3）推动现代金融的发展

持续深化金融体制的相关改革，创新传统金融的发展模式，提高现代金融对实体经济及产业链数字化发展的服务能力。一方面要遵循市场配置金融资源的准则，完善金融市场及金融工具，发展与企业数字化转型相关的金融服务市场，促使资金流向中高端产业及优质企业。另一方面要着实加强金融监管，使相关金融市场主体的行为规范化，防止出现过高的杠杆率，避免产生金融经济泡沫，有效防范及化解金融风险，为实体企业数字化发展营造健康有序的金融市场环境。

2.推动企业集群发展

我国企业整体数量多，所涉及的产业广泛，地域分布范围较广，是国民经济发展的重要组成部分。为促使企业数字化转型，有效降低其转型成本，应推动产业集群发展。为此须做好以下几个方面：

（1）强化以企业为主体的产业园区建设

在现有产业园建设的基础上，突出企业产业园特色，推动建设以企业为主体的产业园区。按一定的划分标准将企业集聚起来，形成集聚发展趋势。大力发展企业孵化器，为企业提供一套完善的促使其数字化转型及成长的服务体系。充分整合、优化及利用园区各类资源，优化企业生产布局，提高其集聚集群发展效能，弥补企业在抵抗突发事件时的不足。

（2）壮大龙头企业发展

培育数字化水平较高或数字化转型效果较好的企业，或积极引进区域辐射带动性较强的大型企业，充当龙头企业。并通过产业链重组等方式，带动其上下游相关企业的业务发生改变，引导优质资源流向龙头企业，并扶持符合产业发展方向及高质量发展等相关要求的企业进行产业链的延伸，促使企业集聚发展。

（3）搭建便于企业信息交流的数字平台

由于企业之间存在业务竞争，集群内的企业之间开放程度不高，缺乏高效的信息共享长效机制，导致集群内资源配置不充分，发展效率低下。为此需企业集群根据所处产业特色及自身业务发展优势，基于互联网、大数据等新一代数字信息技术搭建集群内企业信息交流的数字平台，促使与生产、销售及技术创新等相关重要环节的信息数据得到及时共享，推动集群内企业之间的有效合作，提高企业集群的专业化分工及协作水平。

3.发挥中介机构支撑作用

企业数字化转型的过程中须完善数字化转型生态系统中的市场主体功能，充分发挥中介机构在企业数字化转型过程中的支撑作用。为此应做好以下几个方面。

（1）鼓励各类平台企业发展

一方面鼓励与数字技术相关、经营条件较好的企业，根据自身的业务发展需要，构建及运营各类科技平台，发展平台业务，成为平台构建及企业数字化转型等方面的引领者，在此基础上为企业进行"上云、用数、赋智"等数字化转型提供核心支撑。另一方面规范平台发展秩序，有效推动平台企业整合上下游等相关企业的运营资源，催生出如平台托管在内的新商业模式，为企业获取数字资源提供便利。

（2）健全企业数字化转型相关的社会化服务体系

在持续规范和强化现有中介组织服务功能的同时，推动建立与企业数字化转型相关的行业协会、知识产权服务机构等社会化服务平台。按照一定标准分步骤地健全有利于企业数字化转型的社会化服务体系，为企业数字化转型开展技术培训，提供技术开发、融资渠道、会计法律等方面的咨询服务，有效降低企业的市场交易成本，指导企业进行数字化转型。

（三）企业自主改善数字化转型内部环境

企业数字化转型不仅需要外部政策服务及相关生态系统的优化，也需要企业自身通过加大企业技术创新力度、革新组织管理模式以及注重数字人才引进培养等来提高企业数据获取运营及数字盈利能力，以自主改善企业进行数字化转型的内部环境，增强企业数字化转型的能力。

1.加大企业技术创新力度

企业应有效利用相关外部条件的支持并结合自身业务发展需要，在产品生产及服务管理等方面加大技术创新及运用力度，为自身数字化转型提供创新动能。为此须做好以下两个方面：

（1）积极与高校及科研院所展开合作

企业应在前瞻性领域，按照市场需要，积极与高校及科研院所展开有关方面的合作。企业可开展技术创新相关的模拟竞赛，设置一定金额的奖励或提供一定比例的实践岗位，吸引各高校相关专业的同学参与，并运用相关专业知识开展技术创新，所得的技术创新成果可由企业按照一定的流程进行转化；企业也可申请与高校及科研院所共同参与一些易于操作且附加价值较高的创新项目，所得的创新成果可由企业与高校等共同转移转化。基于相关合作逐步实现企业生产产品由单一结构向多元化的转变，提高单位产品价值，并以此来提升企业产品服务的附加值，增强企业的数字盈利能力。

（2）增加技术研发投入规模

企业应合理应用财务平台，通过财务管理的透明化，节约企业生产运营过程中不必要甚至较为冗余的开支成本，有导向地将资金向本企业技术研发的相关领域引流；应及时按要求公开企业经营的相关财务数据，通过不断地提高企业的信用水平，吸引闲散的社会资本投入企业相关的技术创新项目，有效扩充企业技术研发方面的融资来源。

2.革新企业组织管理模式

企业数字化转型过程中，须革新企业组织管理模式，通过设置负责数字化转型的主管部门，并基于相关数字信息技术精简管理流程，以满足企业数字化转型要求。

（1）设置负责数字化转型的主管部门

数字化转型应上升至企业发展战略的高度，进行相应的统筹规划并分步骤地系统推进。为此企业内部须设置负责数字化转型的主管部门，专门运用相关技术获取有效数据，并通过其数据的深入分析，科学地分配企业内外部与数字化转型相关的资源；统筹协调企业内部数字化专项资金的使用，以及各个环节人力与物力等在结构上的匹配与调度，根据业务发展特点有计划地推动本企业进行数字化转型。

（2）精简管理流程

企业须运用数字化软件，如OA办公软件等，变革传统的不利于企业数字化转型的层级组织模式，革新企业原有丧失活力的组织状态，构建与企业数字化运行相适宜的组织机制，基于数字信息运用减少企业管理层级，提高企业信息沟通效率，真正做到精简管理流程和机构，缩短企业与市场、管理层与员工、员工与用户之间的距离。通过数字信息技术实现信息的高效流通，让业务一线人员参与企业重要决策，推动企业能够及时应对内外部环境变化。

3.注重数字人才引进培养

在数字化转型过程中，企业应注重人才数字化培养以及数字人才引进，即坚持人才存量数字化培养与数字人才增量的引进同步进行，寻求缓解数字化人才供给不足的有效途径，使具有数字信息处理技能及相关工作经验的人才流入企业，才能使其具备数字化转型的活力。因此须做好以下两个方面。

（1）注重企业人才的数字培养

企业应将知识型理念融入企业的文化之中，并积极制定数字化人才激励制度，尝试岗位轮换、业务量化管理等方式，加强企业内部信息的自由流动，实现信息共享[①]。一方面建立业务学习相关的数字化平台体系，方便企业员工有针对

---

① 徐熠.中央企业数字化转型发展问题研究[D].吉林大学，2020.

性地提高自身业务素养。打造一系列提高员工数字素养的在线学习平台，在此过程中尤其要加强企业高管在数字化转型方面的理论与技能培训，着实提高企业高管进行相关数字化转型建设的意愿。另一方面应加强高等教育领域内与数字经济、数字技术相关的课程的设置，完善以培养人才数字化思维为目的的通识课程体系，进一步增强教师和学生的数字发展意识；与数字产业相关的企业应酌情建立实践平台，加强高等教育与相关企业、行业协会的合作，提供多样化的岗位实习机会，培养真正适应数字市场的高水平数字人才。

（2）积极引进数字化人才

企业应结合自身经济实力和实际条件，充分利用当地政府引进人才的有关补贴政策，基于各类人才的实际需求进一步完善企业的福利供给制度，制定一套具有自己特色的薪酬待遇制度，针对不同学历层次的人员，根据付出绩效与承担责任的不同，建立不同的奖惩制度，实行福利的多元化及差异化。企业在内部需根据现代企业制度的相关要求，采取一定的措施推动企业实现"产权明晰"，建立差异化及具有吸引力的股权激励机制，基于此使得个人与企业的利益回报密切联系在一起，给予数字人才合适的股权激励，激发人才在工作上的能动性及创造性。

第三节　数字经济背景下制造业数字化转型升级实践

一、制造业概述

制造业（Manufacturing industry）是指机械工业时代利用某种资源（物料、能源、设备、工具、资金、技术、信息和人力等），按照市场要求，通过制造过程，转化为可供人们使用和利用的大型工具、工业品与生活消费产品的行业。

制造业直接体现了一个国家的生产力水平，是区别发展中国家和发达国家的重要因素，制造业在发达国家的国民经济中占有重要份额。

根据在生产中使用的物质形态，制造业可划分为离散制造业和流程制造业。制造业流程包括产品制造、设计、原料采购、设备组装、仓储运输、订单处理、批发经营、零售等。

2023年2月，《中华人民共和国2022年国民经济和社会发展统计公报》发布，显示2022年高技术制造业增加值比上年增长7.4%，占规模以上工业增加值的比重为15.5%；装备制造业增加值增长5.6%，占规模以上工业增加值的比重为31.8%。

二、制造业的转型升级

自改革开放以来，随着中国制造业的不断发展，其优势得到显著提升，国际竞争力也呈现明显的上升趋势，其中有些产业甚至已达到世界先进水平。目前，制造业已经成为中国现代化产业体系的核心，是立国之本、强国之基、兴国之器。然而，我国制造业发展所处的国际环境越来越复杂，既受到新兴低成本生产制造国的挤压，又要面对成熟工业国的竞争。在这种复杂形势下，制造业发展逐步暴露出关键核心技术受制于人等问题，即使是那些具备竞争优势或已嵌入全球价值链中高端的细分行业也面临着获利能力不足的问题。近年来，随着数字技术的不断涌现和广泛应用，数字经济将引发社会全方位变革，也给我国制造业的转型升级带来新的发展契机。

三、数字化驱动我国制造业升级的必要性

（一）面临发达国家以数字化驱动制造业转型升级的外部挑战

2008年全球金融危机的爆发促使发达国家开始反思，并努力矫正之前的"以资本市场为主体的虚拟经济占主导，重要制造业日趋'空心化'"的问题，实施"再工业化战略"，重塑制造业在经济发展中的核心地位。为此，2011年美国政府发布《确保美国先进制造业领导地位》，提出打造美国高端制造业，重塑全球实业格局。紧随其后的德国、韩国等，均将重振制造业、提高制造业竞争力等作为其政策实施重点。这些"再工业化"战略的实施，使得我国制造业面临发达国家"高端回流"的严峻挑战，迫切需要转型升级进行应对。随着信息化、数字化浪潮在全球兴起，面对以数字化为核心的新一轮的全球产业价值链重构，各主要

发达国家都纷纷采取措施，如美国的"先进制造业国家战略"、德国的"数字战略2025"、日本的"世界最先端IT国家创造宣言"等，均将数据要素、数字技术、数字化转型作为提升制造业发展水平、提高国际竞争力的重要着力点。我国应加快推动制造业数字化转型，驱动制造企业提质增效与动能转换，构建竞争新优势，抢占未来全球产业价值链的制高点。

（二）数字化驱动我国制造业升级的内部压力

当前，国际环境日益复杂，我国制造业发展面临严峻的外部挑战，同时还遭遇了自身发展瓶颈。我国制造业存在劳动成本上升、供给和需求结构性失衡、自主创新不足等问题。具体来说：一是我国劳动力成本上升提高了我国传统制造业的整体生产成本，削弱了我国传统制造业在国际市场上的竞争力，这就要求我国传统制造业由劳动密集型向更为合理的资本技术密集型转变；二是我国大多数制造企业仍集中在低端制造领域，缺乏核心技术、自主品牌和多元营销渠道，同质竞争现象突出，低端产品过剩、高端产品不足，导致供给和需求结构性失衡；三是传统制造业高能耗、高排放的生产供给，与节能环保、追求美好生活的市场需求相矛盾，也有悖于我国"双碳"目标的实现，目前绿色低碳发展已经成为传统制造业优化升级的方向。四是我国制造业基础研究能力稍弱，一些高端芯片、关键装备和核心零部件仍依赖进口；企业创新效率较低，研发成果多为模仿后再创新；产学研合作效率不高，还未建立完善的以企业为主体的制造业创新体系。我国制造业亟须利用数字技术来突破其发展瓶颈，对传统产业生产模式进行全链条、全方位和系统化的升级改造，推动制造业实现企业形态、运营模式、生产模式的变革，铸就"中国创造"新优势。

四、数字化驱动制造业升级的理论机制

数字化已经成为推动传统制造业转型升级的重要动力。具体来说，数字平台赋能制造业产业集群发展，数字网络加速制造业产业生态系统的重塑，数字技术促进制造业产业链重构升级，数据要素优化升级制造业资源配置。

（一）数字平台赋能制造业产业集群

工业互联网是新一代信息通信技术与现代工业技术深度融合的产物，其核

心是互联网平台；是海量设备和工业应用上下链接、相互作用的桥梁和纽带；是制造业数字化升级、网络化重构、智能化发展的保障。为构造制造业新模式新业态，打造先进制造业集群提供有力支撑。一方面，工业互联网平台加强区域内协同联动和合作交流的力度，降低区域内集群间产业互联、业务互通、资源互助、信息互用的难度，有力促进集群间产业、技术、管理、运营等方面的交流和合作，提升集群生产率、市场占有率和集群竞争力；另一方面，工业互联网平台推动产业集群的数字化升级，通过集聚各类生产要素并链接上下游企业，形成与传统产业集群不同的基于网络空间的虚拟产业集群模式，全面链接科研、制造、数据、人力等多种资源，加速推动资源高效流通汇聚，实现从研发设计到生产营销等全链条、全环节、全要素的资源最优配置，打造制造业产业集群新赛道，推动制造业集群向高端迈进，从而在更高层次上参与国际竞争。

（二）数字网络重塑制造业产业生态系统

随着数字经济以信息通信技术、信息网络和数据要素为抓手，向制造业不断渗透，对我国制造业的生产模式、产品形态、市场形态等产生了全方位影响，重塑了制造业的整个产业生态系统。

第一，数字技术能够充分识别市场需求，形成以用户市场需求为中心的经营模式和商业模式，并优化升级制造业生产模式，由以供给为主导的批量化生产向以需求为主导的个性化生产转变，以适应在数字经济时代下释放出的大量个性化市场环境，让制造业满足消费者多样化需求。

第二，基于数据信息网络及自动化、智能化的客户和供应链深层次分析，为下游客户和上游供应商实现价值共创。万物互联与大数据智能技术的出现使得制造企业进行大规模协同的成本大幅降低、效率大幅提高，供应链上下游企业形成了动态化和网络化的生态圈，由原来的供应和销售关系转变为合作和服务关系。

第三，企业可以凭借数字营销网络对客户的需求量和需求时机进行实时感知、处理、分析和预测，并通过构建快速响应的敏捷服务体系，实现从订单到交付全流程的按需、精准服务。

第四，企业可以借助数字技术来挖掘、处理各种非标准化、非结构化的海量数据，帮助企业实现信息共享和协同办公，加强内部协作和沟通，提高决策的科学性和准确性，大幅提升企业内部信息、数据传递的速度，促使组织向下赋权，使得企业的组织结构更加网络化、扁平化。

（三）数字技术促进制造业产业链重构升级

新一代数字技术推进了传统实体经济的数字化改造，随着数据成为产业链上的流通媒介，制造业产业链将会发生解构与重构，乃至全面变革。一是数字化推动产业链模式转换。数字经济时代，大数据、物联网等技术应用促进了信息自由传递和要素自由流动，时空限制不再成为影响产业链构造的主要因素，产业链条中的企业可同时扮演多个分工角色，产业链拓展为复杂的拓扑网络结构。在该结构中企业间共享资源和信息，基于以数据和信息共享为核心的虚拟网络集聚，使位于不同时空的企业获得同样的效应。二是数字化深化产业链的协同发展。制造业生产需要原料供应、生产制造、市场销售等多个关联企业紧密配合，数字技术能够为产业链关联企业的全过程赋能，不仅降低企业间的外部交易成本，提高协同效率，延长企业的产业价值链，还使得制造业业务变得多元化，从而获得更多价值倍增效应。制造业产业链呈现立体性、综合性等特征。三是数字化重塑产业链的竞争格局。数字化转型中企业边界被拓展，产业链上下游企业融合为新的价值创造主体，产业链企业间的协同运营和共享机制形成战略一体的新型合作关系和整体的产业链系统。

（四）数据要素优化制造业资源配置

作为数字经济时代新生产要素和重要战略性资源，数据要素区别于传统要素的非竞争性、边际报酬递增等特征，打破传统生产要素边际报酬递减的束缚，改变制造企业传统生产方式，为经济持续发展提供良好契机。一方面，数据要素的使用提高了要素资源配置的质量和效率。在数字经济时代，数据、信息等作为一种高级的生产要素，能够与劳动、资本等生产要素深度融合，促使其完成数字化转型，提高传统生产要素质量，改变高端生产要素的资源配置比例，从而改变原有以劳动、资本为主的要素投入结构，提高要素利用率；数据要素还是将现有生产要素更紧密地联系起来的关键"桥梁"，数据要素与劳动、资本要素的高效结合促进最佳组织结构、流程和业务模式的发展，从而提高企业的运营能力。另一方面，支持数据要素收集和分析的云计算、大数据等数字技术还可以对其他生产要素信息进行搜索和分析，准确获取生产要素位置、价格以及存量等基本数据，减少信息不对称，促进生产要素自由流动，从而实现要素的高效率配置；数字平台打破了时空限制，把分散、碎片化的生产要素有效整合，充分扩大要素市场化配置规模和范围，增强要素配置的灵活性和协调性，推动要素由低质低效产业向高质高效产业的流动，进而推动制造业的转型升级。

五、数字化驱动我国制造业升级的基础条件和发展困境

（一）数字化驱动我国制造业升级的基础条件

近些年，我国数字经济快速发展。据我国信通院的相关数据，2022年我国数字经济规模突破50万亿元，规模总量仅次于美国，稳居世界第二。根据《数字中国发展报告（2022年）》相关数据：2022年底，互联网普及率达75.6%，越来越多的人通过网络应用和数字设施，共享数字技术发展成果；全国网上零售额13.79万亿元，作为数字经济的重要业态，网购消费在助力消费增长中发挥积极作用。

数字基础设施是数字经济发展的关键支撑。近年来，我国大力推动数字基础设施建设，取得了显著成效，助力实现"市市通千兆、县县通5G、村村通宽带"。2022年，全国光缆线路总长度达5958万千米，互联网宽带接入端口数达到10.71亿个；累计建成并开通5G基站231万个，建成全球规模最大的5G网络，5G应用已融入67个国民经济大类；覆盖全国的算力网络体系初步建立，算力服务与边缘场景融合开启，引领数据基础设施创新发展。

工业互联网作为由工业和多种新一代信息技术集成的平台，是推动制造业转型升级的关键基础设施。截至2022年，我国工业互联网的核心产业规模超过1.2万亿元，同比增长15.5%，预计到2025年，工业互联网平台应用普及率将达到45%。目前，我国已基本形成综合型、特色型、专业型的多层次工业互联网平台体系，具有影响力的工业互联网平台达到了240个，遍布多个制造行业。其中，35家重点工业互联网平台连接工业设备超过8100万台套，累计服务企业936万家次，覆盖国民经济45个行业大类，平台化设计、数字化管理、智能化制造等新模式新业态蓬勃发展。

得益于数字基础设施建设的稳步推进，通过数字技术与业务融合、模式创新与价值融合，传统产业数字化转型进入深水区。2022年，制造业数字化转型步入

扩张期，关键业务环节数字化基础持续夯实，**重点工业企业关键工序数控化率、数字化研发设计工具普及率分别达58.6%、77%**；企业上云步伐加快，平台化设计、智能化制造、网络化协同等新模式新业态蓬勃发展，产业链供应链协同运营水平进一步提升，2022年实现网络化协同的企业比例达39.5%，智能制造孵化供应商已经超6000家，服务范围覆盖90%以上的制造业领域。其中，汽车制造行业对数字化研发设计工具的应用最普及，超过85%。作为各国抢占数字经济制高点的主战场，我国智能制造业产值规模一直保持增长趋势，2022年我国智能制造业产值规模超过3万亿元。

（二）数字化驱动我国制造业升级的困境

1.数字技术基础支撑传统制造业转型升级乏力

虽然我国数字经济规模已位于世界第二，数字基础设施建设在国际上已经具有一定竞争力，但是，在数字核心技术领域与发达国家相比仍有一定的差距。另外，随着数据要素在生产中的重要性日益增强，有效数据缺乏已经成为制约制造业数字化转型升级的重要因素。我国制造业的生产制造环节生产设备数字化率还比较低，满足标准规范要求的企业数字中心机房建设迟缓，制约着制造业的数字化转型升级。

2.制造业数字化融合发展程度有待进一步提高

我国政府重视数字技术与制造业的深度融合发展，制造企业数字化转型的政策支撑力度日益增强，但不容忽视的是在制造业数字化融合发展方面仍然存在一些问题。一是很多制造业企业自身缺乏主动挖掘数据的意识，特别是传统制造企业，仅把数字化技术当成提高生产效率的一种方式，并没有意识到数字化转型会给产品带来质的改变，甚至会给企业产业链带来整体提升；二是进行数字化转型和创新需要大量的基础建设投资。对企业来说，这笔数字化投资是一项很大的挑战，导致制造业企业缺乏对与数字技术相融合的主动性；三是制造企业很难找到合适可靠的数字化转型服务供应商，这也是制造企业在数字化转型升级过程中遇到的普遍问题。

3.数字化赋能的制造业产业链协作程度不高

尽管我国制造业数字化转型已经取得一定成效，但是，数字化赋能的产业链协作程度不高的问题依然存在。数字技术提升制造业产业链水平需要建设全链条数字化生态体系，打通制造业上下游产业链各环节的数据流通渠道，但是在这方面仍然存在很多难点堵点问题。一是制造业数据标准不统一。各类制造企业使用不同的生产制造设备，而且设备的应用场景复杂，对于每天产生的繁杂经营管理数据、设备运行数据、外部市场数据等，由于目前还没有一个统一的数据标准，还不能转化为有效的数据要素资源，无法实现数据的互联互通。二是企业数据的安全保障须进一步加强。相较于消费数据，工业数据的安全要求更高。工业数据涉及企业的生产设备、管理运营等重要信息，一旦出现泄露、篡改问题，就会带来严重的安全隐患。

4.数字技术人才供给不足

伴随数字技术的进步与更新换代，从事数字技术方面工作的研究机构、技术人员的数量不足和综合能力较弱的问题逐渐显现，尤其是在我国的数字核心技术、关键零部件、关键材料等方面。专业技术人才的不足使得我国制造业的数字化转型面临很大的挑战。在制造企业数字化转型的实践中，技术人员需要具备把数字技术和制造企业有机结合的能力，只有这样才能将数字技术有效地融入实体经济，进而解决我国制造业数字化转型升级时所面临的真实困难。我国制造企业现有的很多员工缺乏数字技术基础，不能及时跟踪和掌握快速更新的数字技术知识。同时，大多数制造企业对技术研发创新的资金投入不足，难以吸引和留住高水平的数字技术人才。只有复合型数字人才融入制造企业的发展中，才能够及时解决生产过程中遇到的实际问题，使数字经济和制造业深入融合。

六、以数字经济驱动制造业转型升级的基本路径

（一）加强数字基础设施建设，夯实制造业转型升级发展基础

数字基础设施是制造业数字化转型升级的柱石，应该继续加快数字基础设施建设，促使新型数据要素和传统制造业更好地融合。对于政府而言，首先，应加大对企业数字基础技术和前沿技术的研发支持力度，保证企业有充足的资金进行研发，提高企业数字技术的自主研发能力，做到关键技术不受制于人；其次，建立健全中央和地方协同政策体系，进一步加强新型移动互联网通信设施建设，推动"5G+工业互联网"进入创新发展快车道，丰富数字传输渠道，提升数字网络能力，加强数字技术在制造业中的深度应用；最后，积极推动云计算、大数据中

心、工业互联网等数字平台的孕育和应用，为制造业的平台化发展奠定基础，聚集行业资源，打通消费与生产、产品与服务间的业务流通，培育壮大共享制造等新业态，促使数字经济发展的红利向全行业渗透。

（二）加快制造企业的数字化转型，促进"数实融合"

为加快制造业企业的数字化转型，首先要建立引导机制，有效提高对制造企业数字化转型的认知。

可以培育打造一批制造业数字化转型成功的标杆企业，打造一批综合性强、带动面广的示范场景，并通过在行业内示范推广，提升制造企业对数字化转型的认知。其次，建立有效激励机制解决因资金限制而导致的数字化转型意愿低的问题，建议设置专项扶助资金用于与企业数字化改造相关的软件、云服务支出，以及网关、路由器等必要的数据采集传输设备支出和咨询诊断等服务支出。最后，地方政府应积极探索制造企业数字化转型的市场机制和典型模式，培育一批优质的数字化转型服务供应商，开发集成一批易复制、易推广的小型化、轻量化、快速化、精准化的数字化解决方案和产品，以满足制造企业数字化转型需要。

（三）提高数字化赋能的产业链协作程度

针对数字化赋能的制造业产业链协作程度不高的问题，应该从以下两个方面着力解决。

一方面，要完善数字化产业标准体系。针对由制造业数字化改造的技术标准以及系统平台、设备接口标准不统一而造成的互联互通难度大等现实问题，需要政府积极作为：一是加强制造业数字化转型的政府顶层设计，制定合理具体的制造业数字化转型规划，加快国家工业互联网、智能制造等制造业数字化应用体系标准构建，促进制造业数字化转型渠道更加通畅；二是应该积极鼓励支持第三方机构持续完善数字化产业标准体系，协同推进技术标准、接口标准统一进程。

另一方面，要构建更加完善的数字安全管理体系。从国家层面来看，政府应加快出台针对数据安全的法律法规，通过法律保障数字信息安全，为制造业优化升级进程提供基础制度保障；从企业层面来看，要保障信息数据库的安全性，对信息的采集、处理、分析等环节进行监控，让制造业在合理利用消费者信息的基础上进行数字化发展，保障消费者信息安全，确保信息授权的合理性，防止数据泄露等事件的发生。

（四）培育数字技术人才，提升制造业人力资本水平

在制造业数字化转型过程中，制造企业内部通常会出现人力资本与数字化设备不匹配的状态。因此，首先，构建国家制造业数字技能学习平台，通过政策引导和激励制造劳动者提升数字技能，同时支持实施数字化转型成功的制造企业和平台企业，以及培训机构、行业组织等开发、开放数字技术学习资源；其次，深化大学教育改革，强化产学研合作，加强特色化示范性软件学院和现代产业学院的建设，培养复合型、创新型、应用型数字人才；最后，注重人才的"二次培养"，建立和完善员工数字技能在职培训制度，引导制造企业对生产管理人员、一线员工开展有针对性的培训，让技术人员在劳动过程中进一步提高知识和技能，实现其价值的同时，创造更高的社会价值。

第四节 制造业数字化转型动力机制演化博弈分析

一、制造业数字化转型的相关研究

《中华人民共和国国民经济和社会发展第十四个五年规划和2035年远景目标纲要》提出，要迎接数字时代，充分发挥海量数据和丰富应用场景优势，促进数字技术与实体经济深度融合，赋能传统产业转型升级，催生新产业新业态新模式，壮大经济发展新引擎[①]。企业数字化转型使企业充分运用数字技术促进组织模式的结构调整，提升企业运营效率，使不同企业之间以及企业内部的信息流动

① 李雪松.努力实现"十四五"发展目标及2035年远景目标[J].经济研究参考，2020（24）：100-102.

更加充分，同时产生更多的价值创新①。数字化转型驱动力对实现企业数字化转型非常重要，深入研究制造业数字化转型的动力机制对提升数字化转型效率、实现经济高质量发展具有一定的现实意义。

制造业数字化转型的研究较为丰富，可以归纳为四个方面。第一，制造业数字化转型的影响要素的研究。数字化转型战略由技术的使用、价值创造的变化、结构变化和财务四个方面的共同要素组成。优化业务战略和数字技术发展的结合可以促进企业的长期增长。数据采集分析水平、平台化水平、生产过程数字化水平和转型成本对数字化转型有显著影响②。第二，数字化转型对企业效率影响的研究。数字化投资对制造业上市公司的生产率有显著的间接影响和互补影响③；企业数字化转型过程中存在显著的同群效应，引发了群体成员数字化转型水平的向上趋同④；数字经济与实体经济深度融合，为制造业提质增效和转型升级提供了新动能⑤。第三，制造业数字化转型对产业升级及高质量发展促进作用的研究。中国应从创新构建数字化产业体系和政府引导产业数字化转型两方面来推进产业高质量发展⑥。数字经济与实体经济的深度融合成为促进实体经济振兴与产业转型升级的新动能⑦。第四，企业数字化转型技术手段与实现路径的研究。胡青从组织内部学习及外部合作两个方面深入探究了企业数字化转型对绩效影响的内在机制⑧。数字技术可以通过重新塑造传统产业的创新模式、盈利模式、生产模式、组织模式、服务模式等，为传统产业发展赋予全新的内涵，从而为我国制

① 钱晶晶，何筠. 传统企业动态能力构建与数字化转型的机理研究[J].中国软科学，2021（6）：135-143.
② 孟凡生，赵刚，徐野.基于数字化的高端装备制造企业智能化转型升级演化博弈研究[J].科学管理研究，2019，v.37；No.232（05）：89-97.
③ 刘飞.数字化转型如何提升制造业生产率——基于数字化转型的三重影响机制[J].财经科学，2020，No.391（10）：93-107.
④ 陈庆江，王彦萌，万茂丰.企业数字化转型的同群效应及其影响因素研究[J].管理学报，2021，18（05）：653-663.
⑤ 史宇鹏.数字经济与制造业融合发展：路径与建议[J].人民论坛·学术前沿，2021，No.214（06）：34-39.
⑥ 祝合良，王春娟.数字经济引领产业高质量发展：理论、机理与路径[J].财经理论与实践，2020，v.41；No.227（05）：2-10.
⑦ 李春发，李冬冬，周驰.数字经济驱动制造业转型升级的作用机理——基于产业链视角的分析[J].商业研究，2020，No.514（02）：73-82.
⑧ 胡青.企业数字化转型的机制与绩效[J].浙江学刊，2020（02）：144-154.

造业转型升级提供一条全新的路径[①]。

综上所述，现有研究围绕企业数字化转型的影响因素以及对经济高质量发展作用等相关内容做了大量探索。总体认为，企业数字化转型受多种因素的影响，企业数字化转型有利于提高企业运营效率，有助于制造业的高质量发展。然而，采用何种生产方式和如何数字化转型实际上是微观企业间的一个博弈过程，运用演化博弈论方法关注制造企业数字化转型的驱动过程及其作用机制的研究尚少。系统动力学（System Dynamics，SD）为研究非完全信息条件下博弈的动态演化过程提供了一种有效的辅助手段。基于此，本节构建博弈方为制造企业的演化博弈模型，结合演化博弈与SD仿真方法研究制造企业数字化转型策略选择，分析政府补贴、数字化转型成本、数字化转型协同效应等关键因素对企业数字化转型策略的影响，为提高政府制造业数字化转型政策效果提供建议。

二、模型构建与求解

（一）基本假设模型构建

1.模型构建

本节构建制造业数字化转型动态演化博弈模型，博弈参与方企业群A和企业群B两个有限理性的主体。企业群A和企业群B均有两种策略选择，一是传统生产，即企业不进行数字化转型而是采用传统的生产方式生产；二是数字化转型，即企业运用数字化的生产方式生产。数字化转型有利于企业生产效率的提升，企业都进行数字化转型产生协同效应，产生1+1>2的效果。如果博弈双方只有一方数字化转型，另一方"搭便车"也能获得高于两方均不进行数字化转型的更高收益，即数字化转型具有溢出效应。政府为鼓励制造业数字化转型，对进行数字化转型的企业给予补贴。

根据博弈描述，企业群A和企业群B的策略空间均为：（数字化转型，传统生产）。假设（1）企业群A和企业群B都进行数字化转型时的收益分别为$(1+\alpha)M-(1-\beta_1)C_1-\gamma_1R_1+l_1$和$(1+\alpha)m-(1-\beta_2)C_2-\gamma_2R_2+l_2$，$C_1$和$C_2$分别是企业群A和企业群B的产品生产成本，$l_1$和$l_2$分别是政府对企业群A和企业群B的数字

[①] 王德辉，吴子昂.数字经济促进我国制造业转型升级的机制与对策研究[J].长白学刊，2020，No.216（06）：92-99.

化转型补贴，M和m分别是企业群A和企业群B都不进行数字化转型时的基本收益，α表示协同效应。R_1和R_2表示两个企业群A和企业群B进行数字化转型时的各自成本；γ_1和γ_2分别表示企业群A和企业群B对数字化技术的转化吸收能力，γ_1和γ_2值越大其转化吸收能力越弱，β_1和β_2分别表示企业群A和企业群B数字化转型对各自生产成本的降低效应。假设（2）企业群A数字化转型而企业群B不转型时双方的收益分别为：$M-(1-\beta_1)C_1-\gamma_1 R_1+l_1$和$m-(1-\beta_{12})C_2$，$\beta_{12}$表示企业群A的数字化转型对企业群B的溢出效应。假设（3）企业群A不进行数字化转型而企业群B转型时的双方收益分别为：$M-(1-\beta_{21})C$，和$m-(1-\beta_2)C_2-\gamma_2 R_2+l_2$，$\beta_{21}$表示企业群B的数字化转型对企业群A的溢出效应。

综上，博弈支付矩阵如表4-1所示。

表4-1　制造业数字化转型博弈支付矩阵

企业群A	企业群B	
	数字化转型y	传统生产$1-y$
数字化转型x	$(1+\alpha)M-(1-\beta_1)C_1-\gamma_1 R_1+l_1$, $(1+\alpha)m-(1-\beta_2)C_2-\gamma_2 R_2+l_2$	$M-(1-\beta_1)C_1-\gamma_1 R_1+l_1$, $m-(1-\beta_{12})C_2$
传统生产$1-x$	$M-(1-\beta_{21})C_1$, $m-(1-\beta_2)C_2-\gamma_2 R_2+l_2$	$M-C_1$, $m-C_2$

2.参数值设定与解释

参数值设定与解释如表4-2所示。

表4-2　博弈双方收益参数值设定与解释

博弈主体	参数设定及解释
企业群A	C_1是企业群A的生产成本；
	l_1是政府对企业群A的数字化转型补贴；
	M是企业群A都不进行数字化转型时的基本收益；
企业群A	R_{12}表示企业群A进行数字化转型成本；
	γ_1表示企业群A对数字化技术的转化吸收能力；
	β_1表示企业群A数字化转型对生产成本的降低效应；
	β_{12}表示企业群A的数字化转型对企业群B的溢出效应。

博弈主体	参数设定及解释
企业群B	C_2是企业群B的生产成本；
	l_2是政府对企业群B的数字化转型补贴；
	m是企业群B都不进行数字化转型时的基本收益；
	R_2表示企业群B进行数字化转型成本；
	γ_2表示企业群B对数字化技术的转化吸收能力；
	β_2表示企业群B数字化转型对生产成本的降低效应；
	β_{21}表示企业群B的数字化转型对企业群A的溢出效应；
	α表示双方都进行数字化转型时的协同效应。

（二）博弈模型求解

假设企业群A采取"数字化转型"策略的概率为x（$0 \leqslant x \leqslant 1$），采取"传统生产"策略的概率为$1-x$；假设企业群B采取"数字化转型"策略的概率为$y$（$0 \leqslant y \leqslant 1$），采取"传统生产"策略的概率为$1-y$。

企业群A选择"数字化转型"的期望收益为

$$U_{s1} = y[(1+\alpha)M - (1-\beta_1)C_1 - \gamma_1 R_1 + l_1,] \\ +(1-y)[M - (1-\beta_1)C_1 - \gamma_1 R_1 + l_1] ;$$

"传统生产"策略的期望收益$U_{s2} = y[M - (1-\beta_{21})C_1] + (1-y)(M-C_1)$，平均期望收益为$\overline{U}_s = xU_{s1} + (1-x)U_{s2}$。

企业群B选择"数字化转型"

$$U_{m1} = x[(1+\alpha)m - (1-\beta_2)C_2 - \gamma_2 R_2 + l_2] + (1-x)[m - (1-\beta_2)C_2 - \gamma_2 R_2 + l_2];$$

"传统生产"策略的期望收益分别为$U_{m2} = x[m-(1-\beta_{12})C_2] + (1-x)(m-C_2)$，平均期望收益$\overline{U}_m = yU_{m1} + (1-y)U_{m2}$。

企业群A和企业群B的复制动态方程分别为：

$$F(x) = \frac{dx}{dt} = x(U_{s1} - \overline{U}_s) = x(1-x)[\beta_1 C_1 - \gamma_1 R_1 + l_1 + y(\alpha M - \beta_{21}C_1)] \quad （1）$$

$$F(y) = \frac{dy}{dt} = y(U_{m1} - \overline{U}_m) = y(1-y)[\beta_2 C_2 - \gamma_2 R_2 + l_2 + x(\alpha m - \beta_{12} C_2)] \tag{2}$$

由式（1）、（2）可得一个动力系统，即：

$$\begin{cases} \dfrac{dx}{dt} = x(1-x)[\beta_1 C_1 - \gamma_1 R_1 + l_1 + y(\alpha M - \beta_{21} C_1)] \\ \dfrac{dy}{dt} = y(1-y)[\beta_2 C_2 - \gamma_2 R_2 + l_2 + x(\alpha m - \beta_{12} C_2)] \end{cases} \tag{3}$$

则该自治系统有五个平衡点：$O(0, 0)$、$C(1, 0)$、$A(0, 1)$、$B(1, 1)$、

$D(x^*, y^*)$，其中：$D = (\dfrac{\beta_2 C_2 - \gamma_2 R_2 + l_2}{\beta_{12} C_2 - \alpha m}, \dfrac{\beta_1 C_1 - \gamma_1 R_1 + l_1}{\beta_{21} C_1 - \alpha M})$。

由式（3）可得雅可比矩阵：

$$J = \begin{bmatrix} \dfrac{\partial \dot{x}}{\partial x} & \dfrac{\partial \dot{x}}{\partial y} \\ \dfrac{\partial \dot{y}}{\partial x} & \dfrac{\partial \dot{y}}{\partial y} \end{bmatrix} = \begin{bmatrix} (1-2x)[\beta_1 C_1 - \gamma_1 R_1 + l_1 + y(\alpha M - \beta_{21} C_1)] & x(1-x)(\alpha M - \beta_{21} C_1) \\ y(1-y)(\alpha m - \beta_{12} C_2) & (1-2y)[\beta_2 C_2 - \gamma_2 R_2 + l_2 + x(\alpha m - \beta_{12} C_2)] \end{bmatrix} \tag{4}$$

Friedman（1998）提出，当矩阵行列式（$detJ$）为正且矩阵的迹（trJ）为负时，则该平衡点为渐进稳定点，即演化稳定策略（ESS）（如表4-3所示）。

雅可比矩阵J的行列式为

$$|J| = \begin{vmatrix} (1-2x)[\beta_1 C_1 - \gamma_1 R_1 + l_1 + y(\alpha M - \beta_{21} C_1)] & x(1-x)(\alpha M - \beta_{21} C_1) \\ y(1-y)(\alpha m - \beta_{12} C_2) & (1-2y)[\beta_2 C_2 - \gamma_2 R_2 + l_2 + x(\alpha m - \beta_{12} C_2)] \end{vmatrix} \tag{5}$$

雅可比矩阵J的迹为

$$\begin{aligned} tr(J) = & (1-2x)[\beta_1 C_1 - \gamma_1 R_1 + l_1 + y(\alpha M - \beta_{21} C_1)] \\ & + (1-2y)[\beta_2 C_2 - \gamma_2 R_2 + l_2 + x(\alpha m - \beta_{12} C_2)] \end{aligned} \tag{6}$$

表4-3　平衡点稳定状态

平衡点 (x, y)	$Det (J)$	$tr (J)$
O $(0, 0)$	$(\beta_1 C_1 - \gamma_1 R_1 + l_1)*$ $(\beta_2 C_2 - \gamma_2 R_2 + l_2)$	$(\beta_1 C_1 - \gamma_1 R_1 + l_1)+$ $(\beta_2 C_2 - \gamma_2 R_2 + l_2)$
C $(1, 0)$	$-(\beta_1 C_1 - \gamma_1 R_1 + l_1)*$ $(\beta_2 C_2 - \gamma_2 R_2 + l_2$ $+\alpha m - \beta_{12} C_2)$	$(\beta_2 C_2 - \gamma_2 R_2 + l_2 + \alpha m - \beta_{12} C_2)$ $-(\beta_1 C_1 - \gamma_1 R_1 + l_1)$
A $(0, 1)$	$-[\beta_1 C_1 - \gamma_1 R_1 + l_1 + (\alpha M - \beta_{21} C_1)]*$ $(\beta_2 m - \gamma_2 R_2 + l_2)$	$[(\alpha + \beta_1) M - \gamma_1 R_1 + l_1 - \beta_{21} C_1]$ $-(\beta_2 m - \gamma_2 R_2 + l_2)$
B $(1, 1)$	$[\beta_1 C_1 - \gamma_1 R_1 + l_1 + (\alpha M - \beta_{21} C_1)]*$ $(\beta_2 C_2 - \gamma_2 R_2 + l_2 + \alpha m - \beta_{12} C_2)$	$-[\beta_1 C_1 - \gamma_1 R_1 + l_1 + (\alpha M - \beta_{21} C_1)]$ $-(\beta_2 C_2 - \gamma_2 R_2 + l_2 + \alpha m - \beta_{12} C_2)$
D $(x*, y*)$	$-x^*(1-x^*)(\alpha M - \beta_{21} C_1)$ $\times y^*(1-y^*)(\alpha m - \beta_{12} C_2)$	0

三、均衡点及稳定性分析

当 $0 \leq x \leq 1$ 和 $0 \leq y \leq 1$ 时，即 $0 \leq \dfrac{\beta_2 C_2 - \gamma_2 R_2 + l_2}{\beta_{12} C_2 - \alpha m} \leq 1$，$0 \leq$

$\dfrac{\beta_1 C_1 - \gamma_1 R_1 + l_1}{\beta_{21} C_1 - \alpha M} \leq 1$。为了更好地描述并分析演化博弈进程，对不同情形下的演化稳定策略进行讨论如下。

（一）情形1

$\beta_2 C_2 + l_2 \geq \gamma_2 R_2$，$\beta_1 C_1 + l_1 \geq \gamma_1 R_1$；$(\beta_2 - \beta_{12}) C_2 + \alpha m + l_2 \leq \gamma_2 R_2$，$(\beta_1 - \beta_{21}) C_1 + \alpha M + l_1 \leq \gamma_1 R_1$。

表4-4　情形1的均衡点稳定状态分析表

平衡点（x, y）	Det（J）符号	tr（J）符号	局部稳定性
O（0, 0）	+	+	不稳定
C（1, 0）	−	不确定	不稳定
A（0, 1）	−	不确定	不稳定
B（1, 1）	+	−	ESS
D（x^*, y^*）	−	0	不稳定

如表4-4所示，这种情况下，企业群A和企业群B数字化转型降低的生产成本与政府补贴之和大于数字化转型成本，企业数字化转型协同效应收益低于对方溢出效应节约的生产成本，即$\alpha m \leqslant \beta_{12}C_2$、$\alpha M \leqslant \beta_{21}C_1$；企业数字化转型比传统生产有利。$B$（1, 1）为演化稳定点，博弈策略组合为（数字化转型，数字化转型），演化相位图如图4-1（a）所示。

（二）情形2

$\beta_2 C_2 + l_2 \geqslant \gamma_2 R_2$，$\beta_1 C_1 + l_1 \leqslant \gamma_1 R_1$；（$\beta_2 - \beta_{12}$）$C_2 + \alpha m + l_2 \leqslant \gamma_2 R_2$，（$\beta_1 - \beta_{21}$）$C_1 + \alpha M + l_1 \geqslant \gamma_1 R_1$。

表4-5　情形2的均衡点稳定状态分析表

平衡点（x, y）	Det（J）符号	tr（J）符号	局部稳定性
O（0, 0）	−	不确定	不稳定
C（1, 0）	+	+	不稳定
A（0, 1）	+	−	ESS
B（1, 1）	−	−	不稳定
D（x^*, y^*）	+	0	不稳定

如表4-5所示，这种情况下，企业群A数字化转型获得的好处（降低的生产成本与政府补贴的总和）小于数字化转型成本；企业群B数字化转型节约的生产成本与补贴之和大于数字化转型成本。企业群A数字化转型协同效应收益大于博

弈对方溢出效应生产成本的节约，即$\alpha M \geq \beta_{21} C_1$；企业群B企业数字化转型协同效应收益低于博弈对方溢出效应生产成本的节约，即$\alpha m \leq \beta_{12} C_2$；企业群A传统生产有利，而企业群B数字化转型有利，企业群A"不愿"数字化转型。B（0，1）为演化稳定点，博弈策略组合为（传统生产，数字化转型），演化相位图如图4-1（b）所示。

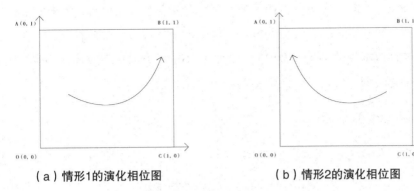

（a）情形1的演化相位图　　　　　（b）情形2的演化相位图

图4-1 情形1和情形2的演化相位图

（三）情形3

$\beta_2 C_2 + l_2 \leq \gamma_2 R_2$，$\beta_1 C_1 + l_1 \geq \gamma_1 R_1$；$(\beta_2 - \beta_{12}) C_2 + \alpha m + l_2 \geq \gamma_2 R_2$，$(\beta_1 - \beta_{21}) C_1 + \alpha M + l_1 \leq \gamma_1 R_1$。

表4-6　情形3的均衡点稳定状态分析表

平衡点（x，y）	Det（J）符号	tr（J）符号	局部稳定性
O（0，0）	－	不确定	不稳定
C（1，0）	＋	－	ESS
A（0，1）	＋	＋	不稳定
B（1，1）	－	不确定	不稳定
D（x^*，y^*）	－	0	不稳定

如表4-6所示，这种情况下，企业群B数字化转型获得的好处（降低的生产成本与政府补贴的总和）小于数字化转型成本；企业群A单独进行数字化转型节约的生产成本与补贴之和大于数字化转型成本。企业群A数字化转型协同效应收

益小于博弈对方溢出效应节约的生产成本，即 $\alpha M \leqslant \beta_{21}C_1$；企业群B企业数字化转型协同效应收益大于博弈对方溢出效应生产成本的节约，即 $\alpha m \geqslant \beta_{12}C_2$；企业群B传统生产有利，而企业群A数字化转型有利，企业群B"不愿"数字化转型。C（0，1）为演化稳定点，博弈策略组合为（数字化转型，传统生产），演化相位图如图4-2（a）所示。

结合第2、3种情况可知，因本节中博弈是对称的，这两种情况其实就是一种情形，即只要数字化转型获得的好处（降低的生产成本与政府补贴的总和）大于数字化转型成本；数字化转型协同效应收益小于对方溢出效应节约的生产成本，企业数字化转型，反之，企业"不愿"数字化转型。

（四）情形4

$\beta_2 C_2 + l_2 \leqslant \gamma_2 R_2$，$\beta_1 C_1 + l_1 \leqslant \gamma_1 R_1$；（$\beta_2 - \beta_{12}$）$C_2 + \alpha m + l_2 \geqslant \gamma_2 R_2$，（$\beta_1 - \beta_{21}$）$C_1 + \alpha M + l_1 \geqslant \gamma_1 R_1$。

表4-7　情形4的均衡点稳定状态分析表

平衡点（x，y）	Det（J）符号	tr（J）符号	局部稳定性
O（0，0）	+	−	ESS
C（1，0）	−	不确定	不稳定
A（0，1）	−	不确定	不稳定
B（1，1）	+	−	ESS
D（x^*，y^*）	−	0	不稳定

如表4-7所示，这种情况下，企业群A和企业群B进行数字化转型降低的生产成本与政府补贴之和小于数字化成本；企业群数字化转型协同效应收益均小于对方溢出效应生产成本的节约，即 $\alpha m \geqslant \beta_{12}C_2$、$\alpha M \geqslant \beta_{21}C_1$；演化系统有两个稳定点分别是（1，1）和（0，0），分别对应策略组合（数字化转型，数字化转型）和（传统生产，传统生产），演化相位图如图4-2（b）所示。

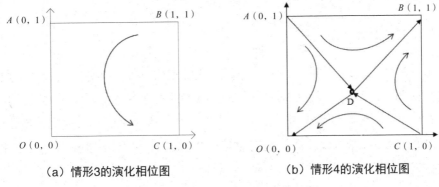

（a）情形3的演化相位图　　　　　（b）情形4的演化相位图

图4-2　情况3和情况4的演化相位图

图4-2（b）中，折线ADC把总体区域进行了分割，使不同策略收敛于不同的区域。当博弈双方决策的初始状态位于AOCD区域内时，系统演化会逐渐收敛于均衡点O（0，0）；位于ABCD区域内时，系统演化会逐渐收敛于均衡点B（1，1），最终达到的均衡状态是（传统生产，传统生产）或（数字化转型，数字化转型），在现实中表现为企业同时都数字化转型或者都不数字化转型。当企业都数字化转型时，由于产生协同效应，企业都能获得最高收益，同时也是政府鼓励企业进行数字化转型所希望的结果，（数字化转型，数字化转型）是理想的稳定策略组合。

ABCD区域的面积为：$S = 1 - \dfrac{1}{2}[\dfrac{\beta_2 C_2 - \gamma_2 R_2 + l_2}{\beta_{12} C_2 - \alpha m} + \dfrac{\beta_1 C_1 - \gamma_1 R_1 + l_1}{\beta_{21} C_1 - \alpha M}]$。

依次对S求关于企业数字化转型成本、政府补贴、协同效应、溢出效应等关键变量的一阶导数，满足条件：$\beta_2 C_2 + l_2 \leqslant \gamma_2 R_2$，$\beta_1 C_1 + l_1 \leqslant \gamma_1 R_1$和$\alpha m \geqslant \beta_{12} C_2$、$\alpha M \geqslant \beta_{21} C_1$。具体分析如下。

1.对S求关于l_1、l_2；β_1、β_2，α的一阶导数

假设其他参数不变，$\dfrac{\partial S}{\partial l_1} \geqslant 0$；$\dfrac{\partial S}{\partial l_2} \geqslant 0$，$\dfrac{\partial S}{\partial \beta_1} \geqslant 0$；$\dfrac{\partial S}{\partial \beta_2} \geqslant 0$；$\dfrac{\partial S}{\partial \alpha} \geqslant 0$即$l_1$、$l_2$；$\beta_1$、$\beta_2$，$\alpha$与S呈正相关。随着$R_1$、$R_2$；$\gamma_1$、$\gamma_2$、$\alpha$值的提高，S增大，初始状态落入区域ABCD的概率变大，系统更易趋于均衡点B（1，1），最终收敛于策略组合（数字化转型，数字化转型）。反之，l_1、l_2；β_1、β_2，α值的下降，S减小，最终收敛于O（0，0），策略组合为（传统生产，传统生产）。

2.对S求关于$R1$、$R2$；$\gamma1$、$\gamma2$的一阶导数

假设其他参数不变，$\frac{\partial S}{\partial R_1} \leqslant 0; \frac{\partial S}{\partial R_2} \leqslant 0, \quad \frac{\partial S}{\partial \gamma_1} \leqslant 0; \frac{\partial S}{\partial \gamma_2} \leqslant 0$即$R_1$、$R_{2;}$ $\gamma1$、γ_2与S呈负相关。R_1、$R_{2;}$ $\gamma1$、$\gamma2$值的增大，即数字化转型成本提高和数字化技术吸收转化能力减弱，S减小，初始状态落入区域$ABCD$的概率变小，系统更易趋于均衡点O（0，0），最终收敛于策略组合（传统生产，传统生产）。反之，R_1、$R_{2;}$ $\gamma1$、$\gamma2$值的减小，S增大，系统最终收敛于B（1，1），策略组合为（数字化转型，数字化转型）。

总之，第4种情形下随着数字化转型成本提高和数字化技术吸收转化能力减弱，制造企业数字化转型的概率越小；政府补贴、成本降低效应和溢出效应的提高可以增大制造业数字化转型动力。

四、仿真分析

系统动力学（System Dynamics，SD）可以分析信息不对称条件下的复杂动态演化过程。上述的演化博弈分析给出了不同条件下制造业数字化转型的演化博弈结果，为此本节运用系统动力学来刻画制造业数字化转型演化博弈过程和结果。

（一）博弈模型流图

流图是系统动力学的基础组成部分，基于上文的分析，采用演化博弈动力系统将各个变量纳入同一个动力系统中，从而构成制造业数字化转型的系统动力学流图。由软件识别各个变量，并进行仿真运算。运用Vensim PLE针对上述分析制造业数字化转型的演化博弈行为，运用系统动力学构建仿真模型如图4-3所示。模型由2个水平变量、2个速率变量、6个中间变量和15个辅助变量构成。水平变量是指制造业数字化转型中两类企业群的比例；速率变量是指制造业两类企业群策略的变动速度；中间变量是指两类企业群进行决策时的期望收益、不同策略收益之差；辅助变量则依据上述演化博弈的变量（数字化转型成本、数字化技术吸收转化能力、溢出效应等）进行设置。系统变量如表4-8所示。

表4-8　系统变量表

类型	变量名称
水平变量	x（企业群A数字化转型的比率），y（企业群B数字化转型的比率）
速率变量	$F(x)=dx/dt$与$F(y)=dy/dt2$个速率变量
辅助变量	辅助变量有6个：U_{m1}与U_{m2}；U_{s1}与U_{s2}；企业群A数字化转型与传统生产期望收益之差：$U_{m1}-U_{m2}$，企业群B数字化转型与传统生产期望收益之差：$U_{s1}-U_{s2}$
常量	C_1和C_2分别是企业群A和企业群B的数字化转型成本，l_1和l_2分别是政府对企业群A和企业群B的数字化转型补贴，M和m分别是企业群A和企业群B都不进行数字化转型时的基本收益，α表示企业都进行数字化转型时的协同效应。β_1和β_{12}分别表示企业群A数字化转型对生产成本的下降效应和对企业群B的溢出效应，γ_1表示企业群A对数字化技术的吸收转化能力，R_1表示企业群A进行数字化转型的成本。β_2和β_{21}分别表示企业群B数字化转型对生产成本的下降效应和对企业群B的溢出效应，γ_2表示企业群B对数字化技术的吸收转化能力，R_2表示企业群A进行数字化转型的成本

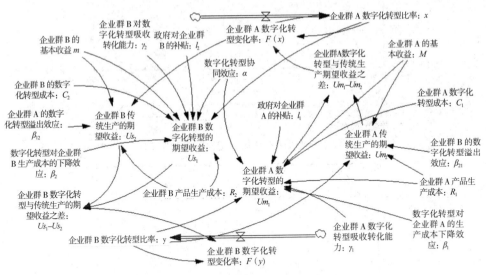

图4-3　制造业数字化转型博弈系统流量图

（二）数值仿真

基于Vensim PLE平台，模型初始参数设置为：INITIAL TIME＝0，FINAN TIME=100，TIME STEP＝0.125。为直观说明企业群A及企业群B策略选择的动态演化过程及稳定状态，运用SD方法分析政府补贴、数字化转型协同效应等变量因素的作用机理进行仿真研究。

1.政府补贴的敏感性分析

为分析政府补贴对演化系统的影响,设企业群A采取"数字化转型"和"传统生产"的初始状态相同;企业群B"数字化转型"和"传统生产"策略的初始概率相同,其他参数一定,只有政府对企业群A的补贴变动。假设系统中企业群A选择"数字化转型"和企业群B"数字化转型"策略的初始意愿都为0.5,其他参数为$m=10$、$M=12$、$\beta_1=0.3$、$\beta_2=0.3$、$R_1=5$、$R_2=5$、$\gamma_1=1$、$\gamma_2=1$、$\beta_{12}=0.05$、$\beta_{21}=0.05$、$\alpha=0.2$。仿真政府对企业群A的补贴l_1分别等于2、4、6时企业群A和企业群B策略选择的演化路径,如图4-4所示。

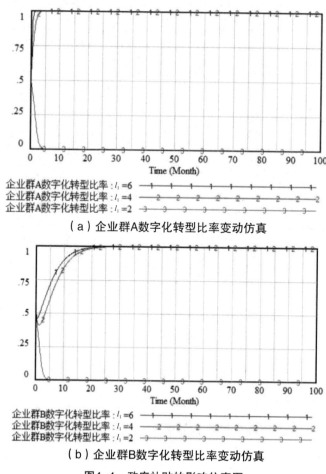

（a）企业群A数字化转型比率变动仿真

（b）企业群B数字化转型比率变动仿真

图4-4　政府补贴的影响仿真图

图4-4表明，演化系统分别收敛于点（1，1）和（0，0），策略组合是（数字化转型，数字化转型）和（传统生产，传统生产）。当政府补贴大于一定值时，演化系统收敛于（1，1），策略组合为（数字化转型，数字化转型），表现为政府对企业的补贴越高，制造商选择"数字化转型"策略的收敛速度越快。当政府补贴小于一定值时，演化系统收敛于（0，0），策略组合为（传统生产，传统生产），通过对比政府补贴对企业群A和企业群B的影响显示，政府补贴对直接补贴企业策略选择的影响较为明显，对非直接补贴企业策略选择的影响较弱。

【结论1】其他一定的情况下，政府补贴对演化系统的影响存在一个阈值，高于一定值企业选择数字化转型，低于一定值企业选择传统生产。政府对企业的数字化转型补贴越高，企业进行数字化转型的动机越强。政府补贴变动对直接补贴对象策略选择收敛速度的影响明显，对非直接补贴对象策略选择收敛速度的影响较弱，但两者收敛的总体方向一致。

2.数字化转型成本的敏感性分析

假设系统中企业群A选择"数字化转型"和企业群B"数字化转型"策略的初始意愿都为0.5，其他参数为$m=10$、$M=12$、$l_1=2$、$l_2=2$、$\beta_1=0.3$、$\beta_2=0.3$、$R_1=5$、$R_2=5$、$\gamma_1=1$、$\gamma_2=1$、$\beta_{12}=0.05$、$\beta_{21}=0.05$、$\alpha=0.2$。仿真企业群A的数字化转型成本R_1分别等于2、5、7时企业群A和企业群B策略选择的演化路径，如图4-5所示。

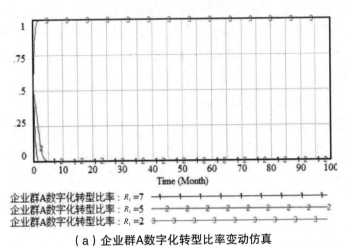

企业群A数字化转型比率：$R_1=7$ ╇╇╇╇╇╇╇╇╇╇╇╇
企业群A数字化转型比率：$R_1=5$ 2─2─2─2─2─2─2─2─2─2─2
企业群A数字化转型比率：$R_1=2$ 3──3──3──3──3──3──3──3

（a）企业群A数字化转型比率变动仿真

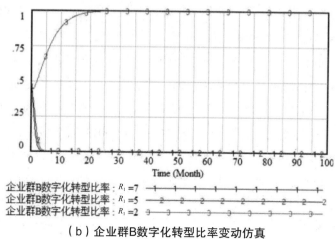

企业群B数字化转型比率：$R_1=7$
企业群B数字化转型比率：$R_1=5$
企业群B数字化转型比率：$R_1=2$

（b）企业群B数字化转型比率变动仿真

图4-5　数字化转型成本的影响仿真图

　　图4-5表明，演化系统分别收敛于点（1，1）和（0，0），策略组合是（数字化转型，数字化转型）和（传统生产，传统生产）。当企业数字化转型成本低于一定值时，演化系统收敛于（1，1），策略组合为（数字化转型，数字化转型）。当数字化转型成本高于一定值时演化系统收敛于（0，0），策略组合为（传统生产，传统生产），表现为企业数字化转型成本越高，制造商选择"传统生产"策略的收敛速度越快，一方数字化转型成本的变动对自身影响明显，对另一方的影响相对较弱，但两者收敛的总体方向一致。

　　【结论2】其他一定的情况下，企业数字化转型成本对演化系统的影响存在一个阈值，低于一定值企业选择数字化转型，高于一定值企业选择传统生产。企业的数字化转型成本越高，企业进行传统生产的动机越强。

　　3.数字化转型协同效应的敏感性分析

　　假设系统中企业群A选择"数字化转型"和企业群B"数字化转型"策略的初始意愿都为0.5，其他参数为：$m=10$、$M=12$、$l_1=2$、$l_2=2$、$\beta_1=0.3$、$\beta_2=0.3$、$R_1=5$、$R_2=5$、$\gamma_1=1$、$\gamma_2=1$、$\beta_{12}=0.05$、$\beta_{21}=0.05$。仿真企业数字化转型协同效应α分别等于0.1、0.2、0.3时企业群A和企业群B策略选择的演化路径，如图4-6所示。

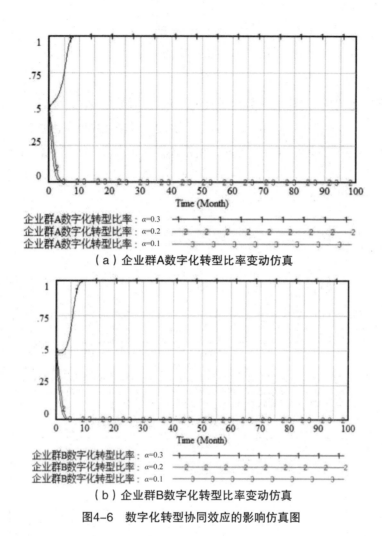

（a）企业群A数字化转型比率变动仿真

（b）企业群B数字化转型比率变动仿真

图4-6 数字化转型协同效应的影响仿真图

图4-6表明，演化系统分别收敛于点（1，1）和（0，0），策略组合是（数字化转型，数字化转型）和（传统生产，传统生产）。当数字化转型协同效应低于一定值时，演化系统收敛于（0，0），策略组合为（传统生产，传统生产）。当数字化转型协同效应高于一定值时演化系统收敛于（1，1），策略组合为（数字化转型，数字化转型），表现为数字化转型协同效应越高，制造商选择"数字化转型"策略的收敛速度越快。

【结论3】其他一定的情况下，数字化转型协同效应对演化系统的影响存在一个阈值，高于一定值企业选择数字化转型，低于一定值企业选择传统生产。数字化转型协同效应越高，企业进行数字化转型的动机越强。

4.数字化转型吸收转化能力的敏感性分析

假设系统中企业群A选择"数字化转型"和企业群B"数字化转型"策略的初始意愿都为0.5，其他参数为$m=10$、$M=12$、$l_1=2$、$l_2=2$；$\beta_1=0.3$、$\beta_2=0.3$、$R_1=5$、$R_2=5$、$\beta_{12}=0.05$、$\beta_{21}=0.05$，$\alpha=0.2$。仿真企业群A的数字化吸收转化能力系数$\gamma 1$分别等于0.6、0.8、1时企业群A和企业群B策略选择的演化路径，如图4-7所示。

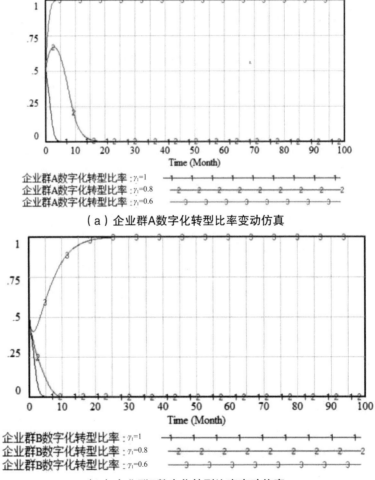

（a）企业群A数字化转型比率变动仿真

（b）企业群B数字化转型比率变动仿真

图4-7　数字化技术吸收转化能力的影响仿真图

图4-7表明，演化系统分别收敛于点（1，1）和（0，0），策略组合是（数字化转型，数字化转型）和（传统生产，传统生产）。当数字化转型技术的吸收转化能力系数低于一定值时，演化系统收敛于（0，0），策略组合为（传统生产，传统生产）。当数字化转化吸收能力系数高于一定值时演化系统收敛于（1，1），策略组合为（数字化转型，数字化转型），其他一定的情况下，数字化技术的吸收转化能力越高，企业选择"数字化转型"策略的收敛速度越快。企业群A的吸收转化能力的变动对企业群B具有溢出效应，而使企业群B的策略选择表现出与企业群A的一致性。

【结论4】其他一定的情况下，数字化技术的吸收转化能力对演化系统的影响存在一个阈值，高于一定值企业选择数字化转型，低于一定值企业选择传统生产。数字化转型技术的吸收转化能力越高，企业数字化转型的动机越强。

5.生产成本下降效应的敏感性分析

假设系统中企业群A选择"数字化转型"和企业群B"数字化转型"策略的初始意愿都为0.5，其他参数为：$m=10$、$M=12$、$l_1=2$、$l_2=2$、$\beta_1=0.3$、$\beta_2=0.3$、$R_1=5$、$R_2=5$、$\gamma_1=1$、$\gamma_2=1$、$\beta_{12}=0.05$、$\beta_{21}=0.05$、$\alpha=0.2$。仿真企业群A的数字化转型引起的生产成本下降效应β_1分别等于0.3、0.5、0.7时企业群A和企业群B策略选择的演化路径，如图4-8所示。

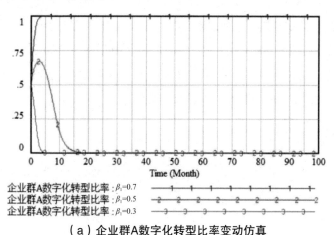

（a）企业群A数字化转型比率变动仿真

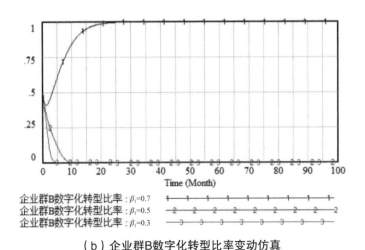

企业群B数字化转型比率：$\beta_1=0.7$
企业群B数字化转型比率：$\beta_1=0.5$
企业群B数字化转型比率：$\beta_1=0.3$

（b）企业群B数字化转型比率变动仿真

图4-8　数字化转型生产成本节约效应的影响仿真图

图4-8表明，演化系统分别收敛于点（1，1）和（0，0），策略组合是（数字化转型，数字化转型）和（传统生产，传统生产）。当生产成本下降比例低于一定值时，演化系统收敛于（0，0），策略组合为（传统生产，传统生产）。当生产成本下降效应高于一定值时演化系统收敛于（1，1），策略组合为（数字化转型，数字化转型），表现出生产成本下降效应越高，企业选择"数字化转型"策略的收敛速度越快。企业群A的数字化转型成本下降效应对企业群B具有溢出效应，而使企业群B的策略选择表现出与企业群A的一致性。

【结论5】其他一定的情况下，生产成本下降效应对演化系统的影响存在一个阈值，高于一定值企业选择数字化转型，低于一定值企业选择传统生产。生产成本下降效应越高，企业数字化转型的动机越强。

五、促进制造业数字化转型的策略建议

本节利用演化博弈模型研究了制造业数字化转型的互动演化路径，并运用系统动力学方法仿真了政府补贴、数字化转型成本、数字化协同效应等变量对制造业数字化转型行为的影响机理。基于研究结论，提出促进制造业数字化转型的策略建议如下。

（一）创新企业数字化转型的政府支持方式

研究结论认为政府支持有助于促进制造业进行数字化转型，政府对制造企业提供支持的方式应该基于企业实际需要而多元化。首先，对制造企业的硬件进行补贴；其次，对制造企业生产要素进行补贴；再次，创新税收政策。

（二）组建数字化转型联盟

数字化转型需要良好的社会环境，需要多种社会资源的协同合作，以制造企业为主体，统筹社会组织、行业协会、科研机构和互联网平台型企业等多方资源，组建数字化转型创新联盟，形成较大的数字化转型协同效应，提高企业数字化转型效果。

（三）加快培养新型数字人才

数字人才是破解企业"不会"数字化转型的关键，从两个方面开展加强数字化人才培养工作，其一，加大数字化人才培养机制建设；其二，加强数字化转型人才培养的基础建设。

（四）推动数字化基础设施建设进程

企业进行数字化转型需要数字基础设施的保障，数字基础设施既包括宽带、无线网络等数字化基础设施，也包括对传统基础设施的数字化转型和改造，从而降低企业数字化转型的难度。

第五章 基于文旅融合的经济发展模式实践探究——以江西景德镇陶瓷产业为例

第一节 文旅融合概述

一、文旅融合的背景

文化旅游是旅游业的重要组成部分，旅游发展是文化发展的重要依托。2014年，《国务院关于推进文化创意和设计服务与相关产业融合发展的若干意见》颁布，提出促进文化旅游融合发展，鼓励文化创意和设计服务进入旅游业，提升文化旅游产品开发和服务设计水平，促进发展特色文化旅游。2019年，文化和旅游部印发《文化和旅游规划管理办法》，提升文化和旅游规划工作的科学化、规范化、制度化水平。2021年，文化和旅游部印发《"十四五"文化和旅游发展规划》，进一步推进文化产业和旅游业繁荣发展。

从倡导文旅融合发展模式至今，我国文旅融合研究主要集中在以下三个方面：一是关于文旅融合发展的研究；二是关于文旅融合模式的研究；三是关于文旅融合管理的研究。本章在对文旅融合定义进行探究后，对文旅融合创新模式进行探讨，并提出文旅融合创新模式的发展对策。

二、文旅融合的定义

文化与旅游产业发展具有内在逻辑的统一性。其根基在"文"，活力在"旅"，动力在"融合"，旨在创造性地推动文化和旅游产业潜能释放，促进文化和旅游同频共振。从广义上来说，文化和旅游之间存在密切的联系，文旅融合是将文化作为旅游发展的依托，而旅游作为文化发展的载体。从狭义上来说，文旅融合是指将文化与旅游密切联系，融合发展。从内涵上来说，文旅融合包括以下三个方面内容：一是文化和旅游的相互融合；二是文化和旅游的相互渗透；三是文化和旅游的共同发展。

（一）文化和旅游的相互融合

在文化和旅游的融合发展过程中，需要将文化作为旅游发展的依托，将旅游作为文化发展的载体。产品、业态、场域是文旅融合的基本构成要素。首先，需要加强对文化资源的开发与利用，以此来丰富文化产品的种类。其次，需要加强对文化资源的宣传与推广。在旅游开发过程中，可以利用传统节日或历史事件等开展主题活动，同时也可以利用地方特色和民俗开展活动，以此丰富游客的旅游体验。通过这些方式充分挖掘与利用文化资源。最后，需要加强对旅游市场的培育与管理。在我国传统的旅游市场中，由于管理体制不完善等因素，导致许多旅游企业在经营过程中存在一些问题。例如，价格不合理、服务态度差、卫生状况差等，导致部分游客对当地旅游市场不满，长此以往会影响当地旅游业未来发展，因此需要加强对市场的培育与管理，以此提升游客满意度和当地旅游产业竞争力。

（二）文化和旅游的相互渗透

文化和旅游之间相互渗透，相互融合，促进旅游业发展。在文旅融合发展的过程中，需要充分认识文化和旅游的相互渗透作用，进而实现旅游业的发展目标。这就需要认识到文化与旅游之间存在密不可分的关系，要加强对文化资源的开发利用。同时，在实际工作中也要加强对文化旅游产品的开发和设计，并且要在此基础上推动旅游产业不断发展壮大。因此在实际工作中要将传统文化与现代科学技术相结合，提高旅游产品质量和品位，为旅游业提供良好的发展环境。

（三）文化和旅游的共同发展

当前，我国旅游行业发展速度越来越快，对社会经济发展也越来越重要。在当今时代背景下，旅游业的发展已经成为社会经济发展中一个非常重要的产业，同时也是我国经济发展的支柱产业之一。为了实现文化和旅游共同发展，需要不断完善和优化文旅融合方案，推动文旅融合工作不断向前发展。

第二节　文化创意旅游融合方式与路径

一、文化创意旅游产业融合方式

文化创意旅游多业态融合主要有两类融合方式。一类是渗透型融合，主要表现为内容型融合，它会产生新的消费内容，以及工具型融合，即其中某一产业仅仅是改善或优化其他产业的工具，本身没有生产消费内容且不具备直接消费价值；第二类是平台型融合，文化与旅游融合是平台型融合，旅游作为一个平台产业发挥了整合和集聚功能。文化创意旅游多业态融合应该充分考虑这两种融合形态的比例，实现实体旅游与虚拟的旅游均衡发展。

（一）渗透型融合

渗透型融合是通过产业整合、产业转移、产业创新和产业投资等手段，实现文化创意旅游产业之间互相渗透。如前所述，这种渗透不是简单的产业要素相加，而是两个产业价值链的渗透、优化和整合，渗透中会形成新的产业内涵，进而形成新的产业形态，这种新业态则更具文化内涵、创意价值和技术优势。在渗透融合中根据二者的主导地位的不同，可以分为旅游主导型融合、文化创意主导型融合和文旅互动型融合三种类型。

1.旅游主导型融合方式

旅游主导型融合方式其本质是旅游的文化创意化开发与发展，它是文化创意渗透到旅游业，旅游业依然处于主导地位，俗称"旅游搭台，文化唱戏，以旅彰文"。旅游主导型融合主要是指文化创意产业利用文化艺术与现代科技的深度融合，通过内容创新和运营方式创新，打破自身产业边界向旅游产业渗透融合，创造性或创意性地演绎历史或文化，赋予了旅游产业新的体验性、文化性、艺术性和参与性的文化创意内容，为旅游业形成新的吸引力和竞争力。这种融合方式的实质是文化创意通过旅游业实现其市场化与产业化的过程，或者说是依托旅游市场实现文化价值的过程，它是以旅游为主实现跨产业融合，换言之，文化创意需要依赖旅游作为应用场景。比如，大型实景歌舞剧《玉龙雪山》就以玉龙雪山为背景，以云南的少数民族文化创意为内容，以少数民族群众为主体，创新性地把山水作为舞台背景，设计开发出新型的旅游演出节目，并成为景区价值链中的一个亮点增值环节，旅游景点也更加具有文化艺术内容与特色，形成了新的消费内容和新的消费时空。因此，旅游演艺一直被认为是延长旅游目的地旅游时间的重要手段。此外，主题乐园也是旅游产业主导型融合的典型代表，它是文化创意产业渗透到旅游产业中的旅游娱乐环节。主题乐园内很多项目都是主要采用文化创意手段，实现了文化创意对旅游的渗透式融合。比如，中华恐龙园以"恐龙文化"为主题，衍生了大量的文化创意产品和活动，在园区内体验恐龙文化、恐龙动漫形象和娱乐项目，旅游者还可以购买大量的和恐龙相关的动漫产品。在这种融合中，文化创意需要以游客需求为导向，并具有一定的游客规模阈值，也就是需要达到一定的客流量方能确保文化创意旅游产品盈利的可能性，当然公共产品除外。因此，文化创意旅游可以说是旅游发展的一种高级形态。

2.文化创意主导型融合方式

文化创意主导型融合方式其本质是文化创意产业的旅游化利用与开发，它使旅游产业渗透到文化创意产业，使文化创意产业处于主导地位，俗称"以文塑旅，以文促旅，为旅铸魂"。旅游产业通过内容创新、产业链重组和运营方式创新，打破产业边界向文化创意产业渗透融合，赋予了文化创意产业的旅游功能或促使文化消费市场扩容和价值增值。文化创意主导型融合是以文化创意产业为主，依托现有文化创意产品、文化创意品牌、文化创意空间或文化创意活动来开展旅游活动。以文化创意为主导的融合方式的核心是以文化创意产业为主体，借助于文化创意的影响力、消费力和品牌力，主要是把旅游产业市场价值延伸到文化创意产业中去，通过创意激发潜在的旅游功能，经过融合之后的文化创意旅游产品兼具文化创意内涵和旅游功能双重属性。一般来说，各地的文化创意产业园区都具备开发旅游的条件，因为文化创意产品的生产、艺术形象的创作和园区文化创意氛围等都能够激起旅游者文化观光、文化学习和创意体验等旅游动机。比如，北京的798艺术产业园、上海的田子坊艺术基地、深圳的布吉版画村、大芬油画村等都是因文化创意氛围所聚集起来的旅游空间，是典型的文化创意主导型融合方式。此外，社会文化演出也是这种模式的代表。社会文化演出主要利用文艺演出、舞台表演等模式对文化资源进行创意设计与开发，展现文化魅力，进而吸引旅游者，从而拓展了旅游功能。但其本质还是以文化演艺为主，主要面向市民，旅游只是它的一种消费方式而已，为其提供附加值，并最终能够实现主客共享，是一种典型的全域旅游业态。在这种融合方式中一般要求旅游活动的安排以不影响文化创意生产为准，主业还是文化创意产业。

3.文旅互动型融合方式

文旅互动型融合方式主要是指文化创意旅游高度渗透和融合，生产的目的既有文化的目的也有旅游的目的，而且二者的主导地位难分伯仲，不分彼此。因此，文旅互动型融合本质上已经孵化出了一种新的业态，它是由创意设计者找到两者融合的最佳切入点和兼容领域，创造出极富文化创意特色和旅游价值的文化创意旅游产品或业态。文旅互动型融合方式要切实关注三个层面的问题，一是要选准文化创意旅游互动、融合的切入点和兼容领域；二是要提炼文化创意旅游主题，提高旅游产品的品位，并引导未来文化品牌的塑造；三是要丰富文化创意的内涵与外延，丰富旅游产品组合，延长产品线，适应文化创意旅游的深度体验和需求多元化之趋势。运用文旅互动型融合方式设计旅游产品，其产品主题越鲜明，就越有利于分层次、多视角地展示丰富的文化旅游内涵，强化主题品牌。

（二）平台型融合

平台型融合是指依托现有的景区空间平台、活动空间平台或网络空间平台，把文化旅游创意产业整合在同一个空间平台，实现融合发展。平台型融合的本质是依赖市场或制造市场，即依托平台既有的流量或通过创意制造新的平台流量，并通过流量来整合文化创意旅游资源形成融合新业态，融合后的平台产业与原有的文化创意产业和旅游产业有着显著的区别。平台型融合会产生新的产业链，也包含了既有产业的核心价值创造活动，因而新的融合型产业兼具原来各产业的特征，而且又创造了全新的产业价值，开创了全新的商业模式，大大地推进了产业的升级换代。根据平台载体的不同可以划分为景区平台型融合、活动平台型融合和网络平台型融合三种形态，也可以划分为线上空间融合和线下空间融合两种类型，其中景区平台型融合和活动平台型融合均为线下空间。

1.景区平台型融合

景区平台型融合发展模式就是以景区或吸引物为纽带与平台，运用文化创意的手法，将文化创意旅游整合在一定的空间内，实现资源共享、市场共享、产业要素聚合、优势互补和融合发展，从而提高产业要素的使用效率和全要素生产率，最终形成文商旅产业集聚区，成为后工业社会经济发展的增长极和人们的旅居生活空间。这种模式的最大特征是空间相对固定，一般来说，空间内有一定的客流量或通过文化创意等手段未来能够创造客流量，并且经营活动和产业发展具有持续性。因此景区平台型融合注重地点集中，时间持续，生产和消费在同一时空中完成。它的发展基于既有的客流量，未来通过文化与旅游融合发展也会创造新的客流量。因为这种发展模式引入了丰富多彩、参与性强的各类文化旅游要素，能吸引到大量旅游者参与其中。文化旅游特色街区的建设基本上采用了景区平台型发展模式。比如，沈阳的盛京皇城旅游区就是以皇城文化整合沈阳故宫、张氏帅府和沈阳中街等城市景区资源，立足于特色化、多元化、集约化、品牌化方向发展，以科学规划、优化布局、丰富内涵、自主创新为重点，引领沈阳城市核心区的生活与创业、文化与经济、历史与现代、传统与时尚、商贸与旅游等项目统筹协调发展。

2.活动平台型融合

活动平台型融合是指在相对集中的时间段内，基于一定的主题，通过文化创意手段设计出活动类旅游产品（包括节庆、会议、研讨会、交易会、博览会等），它是对文化创意旅游产品或研究成果的集中展示、博览、交易和消费，与景区平台型融合相比，这种平台空间并不十分固定，活动地点一般因举办方不同而发生变化。因此，平台型融合是注重时间集中，地点不固定，注重结果展示和集中消费，而非生产过程，俗称"旅游节事搭台，文化经贸唱戏"，通过活动刺激旅游者消费动机、拉动文化旅游消费，以市场拉动为特征推动文化创意旅游产业的融合发展，从而推动地方社会经济的可持续发展[①]。比如，中国香港最先发展起文化创意节庆活动，实行了一系列的节庆活动，每年的春节等节庆的花车巡游、艺术展览吸引了国内外各地的旅游者参观到访。这促使了香港成为全球仅次于纽约和伦敦的艺术品拍卖中心，吸引了众多文艺工作者到访。

3.网络平台型融合

网络平台型是指依托互联网平台，把文化创意旅游企业的经营、管理以及产品或活动的展示、销售等环节在线化，触发更大的线上流量，通过线上流量带动线下消费或直接通过线上支付实现在线消费，从而变革文化创意旅游业态，扩大文化创意旅游产品的销售，推动产业不断升级。网络平台型融合依赖的是一种网络技术空间，它最大的价值在于减少销售环节从而扩大销售规模，形成巨量消费。同时，它也很容易形成市场垄断，降低实体经济的话语权，提高虚拟经济的比例。但尽管如此，网络平台型融合仍是一种重要形态和发展趋势。

二、文化创意旅游产业融合路径

（一）产品融合

目前，文旅融合产品类型主要包括文化演出、文化型主题公园、文化节庆、历史文化街区等。产品融合是当前常见的一种文旅融合方式。产品的融合依托于旅游景区原有的旅游资源，通过将文化要素和旅游资源相融合，推出一种全新的旅游产品。文化内涵的注入会使旅游产品受到旅游者的广泛喜爱。这种融合方式可以让旅游者参与其中，增强旅游者体验感，使其感受到文化与旅游产品相结合带来的魅力。

（二）基础设施融合

设施的融合是指在旅游景区或者城市的公共设施之中融入具有本地特色的文化元素。相对于旅游产品的融合，设施的融合是比较细微的，其不像产品的融合那样显而易见，但同样也是不可或缺的。旅游设施与文化的结合会使旅游者在不知不觉中受到当地文化的影响，从而将其独特的文化铭记在心中。例如，河南省

---

① 张玉蓉. 加强旅游业与文化创意产业深度融合的有效途径[N]. 光明日报（理论版），2015-05-17（07）.

安阳市是甲骨文的出土地，在这里，旅游者可以看到甲骨文样式的公交站牌，将甲骨文和安阳联系在一起，从而形成对这座城市的独特文化记忆。

（三）借助信息手段的融合

21世纪是信息的时代，网络技术的不断发展给人类的生活带来日新月异的变化。因此，文旅融合的发展也要借助互联网这一传播介质吸引游客的目光。然而，过去的旅游业宣传仅仅注重对自然风光的真实写照，文化元素的融入比较少见，并且有些文化通过大众传媒很难传播。如今，随着文旅融合的不断深入以及大众传媒的不断发展，许多文化元素更好地展现在人们的眼前，并且受到了旅游者的广泛喜爱。近几年的旅游广告大多包含着本地特有文化，文化的内涵和魅力也被展现得淋漓尽致。

（四）与当地居民的融合

我国幅员辽阔，不同的地域有不同的自然景观和文化，每一个地区独有的景观都会对其旅游者产生较强的吸引力。然而，随着城市化进程的不断推进，各个民族、各个地区独有的文化也面临消失的危险。如果一个地区失去了它独有的特色，那么其对旅游者的吸引力也会有所下降。文旅融合发展不仅依靠景区内的融合，还包括景区外与当地居民的融合，当地居民独特的生活方式和行为习惯本身就是一种文化体现，如果当地居民都能保持本地文化的原生性，那么就会使旅游者获得良好的旅游体验。

第三节　江西景德镇陶瓷产业发展基本情况

一、景德镇陶瓷产业发展基本情况分析

（一）陶瓷产业结构不断优化

当前，景德镇陶瓷产业处于结构优化阶段，高附加值、能耗较低的产品逐步取代了低附加值、能耗较高的产品，陈设艺术瓷、高档日用瓷、建筑卫生陶瓷、高技术陶瓷等多瓷种融合发展的"大陶瓷"发展格局正在形成。

（二）陶瓷创新创业平台功能不断提升

目前景德镇陶瓷工业园区是以景德镇陶瓷集团、陶瓷智造工坊和名坊园为代表的传统日用陶瓷产业升级和手工制瓷聚集区，以晶达新材料、和川粉体为代表的高技术陶瓷集聚区，以欧神诺、乐华洁具为代表的建卫陶瓷创意设计中心和总部基地。高新技术开发区已经成为陶瓷机械、窑炉，中高档陶瓷泥釉料、色料等陶瓷产业链配套的专业化生产和销售中心。三宝瓷谷、雕塑创意园、陶溪川、皇窑等陶瓷文化创意产业平台初具规模，呈现良好的发展态势。

（三）科技创新引领发展

近两年，景德镇市在陶瓷领域获得国家、省、市科技进步奖3项，新增院士工作站3个，陶瓷专利申请总量达2620件，占全市专利申请量的59.4%。

二、景德镇陶瓷产业的优势

景德镇陶瓷市场发展的优势，在于景德镇陶瓷产业就是典型的技术型产业。因此在市场发展过程中，景德镇陶瓷能够基于现有的技术基础展开相应的市

场发展行为，从而弥补产业的技术劣势甚至是在与其他同类产品进行市场发展技术竞争中获取比较优势，景德镇陶瓷的市场发展优势是其寻求自身成长和市场拓展的根基所在。

（一）技术优势

景德镇陶瓷在陶瓷产品上采用较为前沿的生产和加工技术，使景德镇陶瓷在参与市场竞争中凭借技术优势占有丰富的市场资源，在同其他同类产品竞争中转化为企业发展和扩张的技术优势。在长期的市场发展中景德镇陶瓷始终注重产品技术研发，因此在生产技术层面具有明显的竞争力，同时也保证了产品的市场收益。这使景德镇陶瓷具备充足的市场资本支持其企业市场战略的制定和实施，且能够集中资本优势注入企业产品的技术研发并进行内部技术和生产能力的自我革新。景德镇陶瓷在陶瓷生产制造领域所具备的前沿技术，使其能够针对市场需求提供定制设计、生产服务，更为灵活地满足各类市场消费需求。

（二）资本与品牌优势

景德镇陶瓷经过十余年的市场发展，现已形成较大规模的市场体量。企业资本雄厚，具备持续市场盈利能力。雄厚的企业资本可以为景德镇陶瓷产品市场发展策略实施提供充足的资金保障与支持，从而使其在市场发展过程中形成一定的资本优势。就品牌而言，景德镇陶瓷在多年的市场发展中形成良好的品牌口碑，并具有稳固的客户群体。景德镇陶瓷的市场发展优势，良好的用户口碑在其向区域外市场拓展时逐渐产生了企业优势的外部溢出效应，如在中国国内有很多大型商超成为景德镇陶瓷的忠实市场合作伙伴。这些现有的市场资源，成为景德镇陶瓷企业市场发展的优势所在。

第四节　江西景德镇文旅融合发展背景

一、景德镇文化旅游发展进程

景德镇千百年来积累的陶瓷工艺精湛无比，陶瓷艺术精美无穷，陶瓷文化底蕴深厚，这一切都令无数人向往，景德镇也因此拥有"世界瓷都"的美誉。20世纪90年代，在改革开放大潮下，中国陶瓷艺术界开始与国际陶瓷艺术界进行学术交流，景德镇成为世界陶艺家心中的圣地，各国陶艺家们源源不断来到景德镇，景德镇陶瓷文化旅游产业开始初露头角，给景德镇陶瓷产业转型发展带来了希望。景德镇被评为"中国国家首批历史文化名城"，在经历了转型的阵痛、发展的迷茫之后，敏锐把握住改革开放的历史机遇和高质量发展的时代机遇，走出一条历史文化名城复兴的成功之路。但此时的景德镇文旅产业发展模式尚不成熟，仍处于起步阶段。

直到2009年以后，景德镇找到能够发挥自身特色的发展道路，从此陶瓷产业开始了转型发展之路，景德镇陶瓷文创产业、陶瓷文化旅游产业开始蓬勃发展[①]。目前，景德镇确立了"复兴千年古镇、重塑世界瓷都、保护生态家园、建设旅游名城，打造一座与世界对话的城市"的发展定位[②]。2016年景德镇陶溪川项目的成功，证实了陶瓷产业转型升级之路的正确性。陶溪川是个复合型项目，通过对工业遗产的有效保护和合理利用，将原来的宇宙瓷厂遗址打造成现代文化创意街区，不仅延续了景德镇千年的陶瓷文脉，更是实现了陶瓷产业、工业遗址的涅槃重生，政府也由此看到了发展的多种可能性。有了陶溪川的成功经验作为

---

① 郭建晖，梁勇，龚荣生.历史文化名城的复兴及其启示——来自景德镇的调研报告[J].江西社会科学，2019，39（03）：241-253.

② 胡林荣，黄弘，李松杰.景德镇建设内陆开放型文化重镇的路径研究[J].陶瓷学报，2021，42（01）：155-162.

标杆，景德镇开始对更多的保存较为完好的工业遗址进行改造利用，以类似的方式使景德镇城市发展过程中遗留下来渐渐被遗忘的大量旧厂区重新走进人们视野，焕发出新的活力，打破景德镇陶瓷产业发展困局①。悠久的瓷业历史、深厚的陶瓷文化、完善的制瓷技艺等宝贵的人文资源，都是景德镇陶瓷文化复兴的必要因素，给景德镇的发展带来了难得的历史机遇。

景德镇精准抓住机遇，充分利用现有资源，以陶瓷文化为基础，大力发展文旅产业，利用陶瓷文化深远的影响力，提高文旅产业的吸引力。事实证明，景德镇以陶瓷文化为引领的文旅融合之路是正确的，文旅产业取得了显著成效。近年来，景德镇的旅游总人数不断增加，旅游收入也呈现出连年攀升的可观局面。总体发展态势良好，文旅产业蓬勃向上。景德镇也被誉为"中国优秀旅游城市""中国最值得去的50个地方之一"，被国家文化旅游部门列为向海外推出的35个王牌旅游景点之一②。景德镇拥有一个国家5A级旅游景区——古窑民俗博览区和11个国家4A级旅游景区，同时古窑民俗博览区也是国内唯一一个以陶瓷文化为主题的5A级景区，景德镇是中国独有的以陶瓷文化为特色的旅游城市。

景德镇把握机遇，迎接挑战，大力发展陶瓷文旅产业，促进对外文化交流，加强陶瓷文化软实力建设，开创了中国陶瓷与世界对话新的绚丽篇章。景德镇以瓷文化为主导，依托陶瓷文化资源和得天独厚的现实基础，打造内陆开放型文化重镇，重塑"匠从八方来"的新气象，打造人文艺术之城、中国文化之都和世界瓷都，目前已经初见成效。以往的陶瓷集散地，从生产地变成了城市艺术区，不仅在生产瓷器，也在生产艺术、生产文化、生产景观。景德镇陶瓷工业提供给消费者的不仅是物品，更是文化知识、文化符号、景观符号，甚至还有新的生活方式、新的价值理念。人们来到这里不仅是为了购物，还为了观赏和体验。景德镇文旅产业正飞速向前发展，文旅融合不断深入，创新创意催生着文旅产业新业态、新模式不断产生。

---

① 邹晓松，戴清材.陶瓷文化的历史生成与时代新变[J].江西社会科学，2021，41（02）：246-253.

② 方李莉.超越现代性的景德镇发展模式：从生产地到艺术区的变迁[J].民族艺术，2020（05）：130-147.

二、政策催生景德镇发展新纪元

"景德镇国家陶瓷文化传承创新试验区"（以下称创新实验区）于2018年10月经国务院正式批复同意设立。次年国务院对《景德镇国家陶瓷文化传承创新试验区实施方案》的正式批复中明确提出，创新试验区建设的战略定位是"两地一中心"，即把景德镇建设成为国家陶瓷文化保护传承创新基地、世界著名陶瓷文化旅游目的地、国际陶瓷文化交流合作交易中心[①]。

创新试验区的建设对景德镇具有划时代的重大历史意义，带来了景德镇发展的新纪元。同时创新试验区的建设提出了要对陶瓷文化资源进行充分整合，培育陶瓷文化新业态，推动陶瓷文旅深度融合[②]，这也为陶瓷产业迎来了转型升级的新机遇，为文旅产业迎来了创新发展的新时代。

江西省在文化强省和旅游强省战略的引领下，始终把创新作为第一动力引领产业发展，以创新发展催生新动能，以深化改革激发新活力，贯彻新理念，构建新格局，推进文旅产业深度融合，促进文旅产业高质量发展[③]。在此基础上，江西省委、省政府高度重视景德镇创新试验区的建设工作，多次在江西省文化和旅游发展相关意见中提及景德镇的文旅产业发展方向。在《江西省"十四五"文化和旅游发展规划》中，利用专门章节阐释创新试验区建设的指导意见。规划中明确指出要加强陶瓷文化资源保护利用，高标准建设创新试验区，贯彻落实"两地一中心"的发展战略。要求景德镇要推进古窑址、工业遗产、历史街区保护利用，重点发展旅游文创产业；推进陶溪川、三宝瓷谷等重点陶瓷文化景区开发建设，打造国际陶瓷文化交流合作交易中心。

景德镇认真落实江西省委、省政府工作要求，坚持高站位推动、高标准规划、高水平管理、高质量落实，建设文化和旅游融合创新体系，不断培育文旅新业态，增加文旅新亮点，优化文旅产业结构，推进产业高质量发展，打造世界著名的陶瓷文化旅游目的地。创新文旅融合已经成为当前景德镇文化旅游发展的重

---

① 胡林荣，黄弘，李松杰.景德镇建设内陆开放型文化重镇的路径研究[J].陶瓷学报，2021，42（01）：155-162.

② 朱虹.景德镇陶瓷的历史地位与发展战略[J].南昌师范学院学报，2019，40（01）：24-33.

③ 闫宁宁.景德镇陶瓷文化产业协同集聚与国家试验区协调发展的探讨[J].现代营销（经营版），2020（10）：32-33.

中之重，也是景德镇繁荣复兴的重要法宝。

国家陶瓷文化传承创新试验区的创建是景德镇发展的新契机，相关政策支持为景德镇文旅创新融合实践提供有力支撑和指导意见。在政策意见的催生下，景德镇充分整合陶瓷文化资源，以瓷为魂，打造陶瓷主题景区，彰显陶瓷文化元素和底蕴，加快旅游名城建设，复兴千年古镇，重塑世界瓷都，成功建设一批文化遗产保护利用的典型样本景区。

第五节　江西景德镇文旅融合创新模式

"以文塑旅，以旅彰文，宜融则融，能融尽融"是景德镇文旅发展理念。景德镇的创新发展不断突破思维，打破界限，使文化和旅游产业间的边界逐渐模糊，产业之间出现交叉，通过渗透融合，产生新的文旅产业和陶瓷创意产业，利用产业创新优势，开发文旅创意新项目，塑造文旅融合"大品牌"。

景德镇创新发展文旅产业推动陶瓷产业转型升级的成功，为我国其他传统文化产业转型发展以及历史文化名城复兴提供了可推广、可复制的经验。

一、文旅发展催生"非遗"传承新力量

"让文化遗产活起来"是对文物保护工作的新要求，也是新挑战。景德镇非物质文化遗产传承保护和利用最为成功的当属景德镇唯一的国家5A级旅游景区——古窑民俗博览区（以下称古窑景区）。

（一）古窑景区由来

1980年，景德镇市委为了将陶瓷历史文化遗产集中起来进行统一保护，规划出枫树山人工林内的一片空地，建设陶瓷历史博物馆，将一座古窑和一些明清时期的民间建筑抢救性恢复后进行集中保护，这便是古窑景区最开始建立的初衷。

1990年，古窑瓷厂注册成立。古窑瓷厂位于陶瓷历史博物馆的旁边，被纳入

整个古窑景区的版图之中。当时的古窑景区已经开创了景区现场表演制瓷技艺的壮举，将"静态"展示古典建筑和传统陶瓷与"动态"展演陶瓷业者的制瓷手艺相结合，得到了业内的一致好评。将陶瓷历史文化和古代建筑文化遗址集中起来进行有效保护的方式也为众人所称道。

（二）古窑景区体制改革

2004年，中国签署《保护非物质文化遗产公约》，次年景德镇启动非遗保护工作。对于古窑景区来说，非遗保护工作的启动对其提出了更高的发展要求，同时也带来了发展契机，挑战和机遇并存。

2009年，古窑景区请来景德镇60多名传统手工制瓷老艺人，按照"修旧如旧"的原则，着手复烧历代瓷窑。"瓷器之成，窑火是赖"，熊熊燃烧的窑火是对瓷窑最好的保护与传承，同时也将这历史悠久且内涵丰富的国粹以动态的方式展示在世人眼前，使之重新拥有了生命与活力。至今，古窑景区已经先后成功复烧景区内11座历代瓷窑（见表5-1）。景区内"复活"的历代瓷窑正是"活态传承"理念的绝佳注脚，不仅使凝聚着古人智慧的烧造技艺得以展示，更是让古代传统瓷窑作坊营造技艺得以保护和传承，形成了中国陶瓷文化展示的宏伟景观，使得中华瓷文化得以保护和传承[①]。2013年4月，古窑民俗博览区被批准为唯一一家以陶瓷文化为主题的国家5A级旅游景区，景区发展取得了显著的成效，也验证了景区非遗活态传承的正确性。

表5-1　古窑复烧历代瓷窑进程

时间	复烧瓷窑	意义
2009年	镇窑	成功复烧的第一座古窑，荣获"世界上最大的柴烧瓷窑"吉尼斯世界纪录
2010年	葫芦窑	盛行于整个明代，时隔近300年重建后复烧成功
2011年	馒头窑	距今600多年的元代古窑复建复烧成功
2012年	龙窑	1000多年前的宋代古窑复建复烧成功

① 崔恺，庄惟敏，王明贤，等.自然建筑——景德镇御窑博物馆研讨[J].建筑学报，2020（11）：54-59.

续表

时间	复烧瓷窑	意义
2013年	青窑、龙缸窑、风火窑	多座明清时期的御用瓷窑同时复建复烧成功
2014年	色窑、燃横窑、匣窑	多座明清时期的御用瓷窑同时复建复烧成功
2016年	狮子窑	景区内最后一座历代瓷窑复烧成功

古窑景区不仅重视国家5A级旅游景区创建，同时始终坚持对国家级"非遗"的持续保护和传承。目前，古窑景区已经成为国家文化产业示范基地、国家级非物质文化遗产生产性保护示范基地，文化旅游景区范本。古窑景区以弘扬陶瓷文化、传承制瓷技艺、保护传承中华民族优秀传统文化为目标，"活态传承"成为常态化建设项目，集中再现景德镇千年制瓷历史，被誉为"活的陶瓷历史博物馆"、陶瓷经典景区。

二、拓宽文旅打开城市消费新空间

景德镇制瓷历史悠久，拥有深厚的陶瓷文化意蕴，自古便被称作"瓷都"，因此景德镇文旅发展大都建立在千年瓷业留下的宝贵遗产之上。但仅依靠工业遗产遗址的展示并不能满足当前城市经济发展的需求，文旅产业开发也会受到遗址保护的限制。平地崛起的绿地昌南里一改景德镇文旅发展的老路，以景德镇特色陶瓷文化为基础，融合现代时尚元素，将文化、艺术、商业融入生活，打造成为集文化消费、艺术体验、休闲娱乐、餐饮住宿于一体的文旅消费新空间，成为城市旅游发展的新样本。

（一）文化景区概况

绿地昌南里文化景区（以下称昌南里）定位城市一站式文化艺术生活消费体验空间，填补城市空白。以智慧生活、科技未来、自然人文为核心，以景德镇千年瓷都历史为依托，以"开放里"的国际思维模式概念贯穿始终，涵盖了"吃、住、游、购、娱"五大旅游要素，打造文旅消费产业链，是一处与游客更贴近、让文化更生动、使生活更前沿的文化潮流消费综合体。

昌南里精心规划了三大板块（文里、艺里、商里），融合文化、艺术、创意、电商、会展、知识、旅游等产业，塑造了八大业态（文化艺术中心、景德坊、艺术交流基地、美食街、大师工坊、艺术家客栈、艺术长廊、酒店办公），打造具有国际影响力的中国创意设计、文化艺术高地。

以文化消费为主的陶瓷文化消费聚集区"文里"包含"明星工坊"和"名瓷聚落"两大块，明星工坊邀请景德镇国级大师、陶瓷艺术泰斗等名家入驻，形成景德镇顶尖陶瓷文化博物馆群；名瓷聚落则聚集景德镇本地近20家一线陶瓷品牌，打造景德镇首个专业品牌陶瓷购物基地。

以艺术体验为主的文化体验聚集区"艺里"主要指昌南里标志性建筑"斗笠碗"，"斗笠碗"环面的四层艺廊空间，整体面积约9000平方米，是景德镇的"艺术中心"和"创意基地"，吸引国内知名设计师品牌入驻，同时配合景德镇本地特色的艺术氛围打造研学实践教育基地，在秉承传统文化的前提下进行资源整合、融合，多维度打造城市峰会展览，以最新的艺术表达，构建城市艺术极强的生命力和增长力，成为景德镇首届一指的文化会客厅，更是一座追随者众多的国际化跨界艺术新聚点。

以休闲娱乐为主的时尚购物聚集区"商里"集结了美食街、酒吧、演艺等板块，将传统与现代，休闲与娱乐融合在一起，网红店、精品零售店、知名设计师品牌店的引入构成了景德镇时尚生活消费的新部落，带来时尚的购物体验，各类民谣酒馆、酒吧等业态的引入打造景德镇夜生活消费体验风情街，丰富景德镇时尚的夜间娱乐。

（二）城市文化新标志

昌南里的核心景观"大瓷碗"已经成为景德镇城市旅游新地标，来往游客的网红打卡胜地。"大瓷碗"其实是昌南里艺术中心，于2015年正式开工建设，2017年投入使用。"大瓷碗"造型建筑灵感来源于宋代著名的影青斗笠碗，整体建筑面积约10000平方米，总高40米，碗口直径80米，是世界目前已知的最大碗形建筑，庄重典雅，象征"万瓷之母"。

"大瓷碗"的外墙采用纳米喷涂铝单板的特殊材质，通过叠瓦的方式进行布置使之呈现出鳞片的形状，在白天看是洁白如玉一样的光滑平面，但是在夜晚却能够利用4D投影技术，在外墙面上投射出变幻多样、绚丽多彩的景象，呈现出的唯美意境引人入胜，更是将陶瓷文化充分展现，与夜色交相辉映，完美融合，十分壮观。

"大瓷碗"内部共有四层，每层高8~10米，采用了中庭全部挑空的结构设计，使整个内部看上去更加开阔，视野亮度也更好。整个艺术中心划分出来的展览空间大约有5500平方米，专业的大展厅有三个，面积都在1000~3000平方米，每个展厅配有多媒体，融入了高新技术，主要功能就是举办艺术品拍卖、文化沙龙等活动，同时也会用于举办非遗传承、陶瓷文创等特色活动。

"大瓷碗"的独特造型引来众多游客纷纷打卡留念，内部极具科技感的展厅设计以及富含陶瓷文化底蕴的艺术活动满足众多艺术爱好者、科技爱好者的内心向往。如今，昌南里"大瓷碗"已经成为景德镇城市发展的新坐标，不仅象征着景德镇千年陶瓷文化的传承，更是代表着景德镇现代城市经济的发展。

（三）城市消费新去处

城市商业一直在探索的道路上前进，集旅游、文化体验、商业功能于一体的新型城市经济模式，不仅拥有传统的实体形态，更增加了内涵丰富的精神体验，让消费者感受到不一样的商业魅力。不同于传统的在先天的历史人文景区基础上发展起来的文旅商业项目，昌南里属于新开发的文化旅游景区，缺少历史背景以及先天集聚的文化资源，使得项目开发更加需要注重文化内涵的深度挖掘，不能变成表面空谈。

以景德镇陶瓷文化为基础，昌南里打破固有思维模式，在无历史遗产存留的地方开辟崭新的文化产业项目，在传承千年瓷都文化的前提下，主动打破商业僵局，不局限于传统陶瓷行业，将传统陶瓷文化与现代时尚文化相融合，产生新元素新业态，凝聚城市美学与前沿商业体验于一身，使文化、商业、旅游产业多面发展，打造多元一站式消费空间，涵盖文化体验、艺术生活、餐饮娱乐、酒店住宿、时尚休闲等多种业态，促进各产业发展升级，成为景德镇文化潮流消费综合体。

自从昌南里艺术中心建成后，人们也开始亲切地称昌南里为"大碗"。在"大碗"的后面便是昌南里休闲时尚街以及陶瓷文化旅游城，规模很大，有酒店区域、民宿区域、乐园区、酒吧娱乐区、餐饮区等。到了晚上，摆摊的人开始增多，还有专门的夜排档街，使这里成为景德镇夜生活的一个最新去处。

昌南里作为新兴的文旅产业，已经走在了时代的前端，除了拥有基本的消费功能外，还囊括了文化展示、文化体验、互动交流、游览体验等复合功能，无论是在建筑形态上，还是在消费模式上，于现代商业都是创新。在建筑形态上，约10000平方米的"斗笠碗"艺术中心，成为景德镇的新地标，吸引众多游客前来打卡；在消费模式上，"一站式文化消费空间"强调用户体验感，吃、喝、玩、乐、住面面俱到，吸引更多回头客造访；在文化方面，昌南里主动打破传统商业局面，在文化创意、旅游产业、互联网+等方向综合发力，成就景德镇新一站文化体验中心。

昌南里"文化+旅游+商业"的发展模式创造出新的奇迹，成为瓷都商业发展的全新增长极，创造景德镇夜经济的新可能，成为江西发展战略中里程碑式的商业项目、文创商业领域标杆项目。

第六节　江西景德镇文旅融合发展提升

景德镇市作为国家首批历史文化名城、全国双拥模范城，蕴含深厚的陶瓷文化历史、人文、艺术底蕴，留有丰富的陶瓷文化遗址、工业遗迹、手工艺遗存等文化资源。2021年8月，景德镇入选第二批国家文化出口基地名单[①]，陶瓷文化发展也愈发引得社会关注。景德镇千年窑火传承文化基因，具备深厚的陶瓷历史文化资源和文创产业基础，早在宋真宗景德元年（1004年），因镇产青白瓷，质地优良，遂以皇帝年号命名，改昌南镇为景德镇[②]。陶瓷工匠在历史的长河中不断开拓进取，景德镇陶瓷成为国内外一道靓丽的文化名片，产品居于国内外陶瓷

---

① 景德镇市统计局，国家统计局景德镇调查队.景德镇年鉴（2002）[M].北京：中国统计出版社，2023-04-01.

② 中国国家人文地理编委会.中国国家人文地理：景德镇[M].北京：中国地图出版社，2016.

行业之首，景德镇也成为获国务院批复设立的首个文化旅游类试验区的战略转型性城市，陶瓷产业发展迎来了更多希望和前景。

文创产业是指创意与文化高度融合后相互作用于产业发展的具体表现，以新的陶瓷市场需求为导向，实现陶瓷产业的新突破。陶瓷文创产业融合发展是指在陶瓷主线牵引下，将文化内涵与创意产业链整合的过程。陶瓷传统文化与陶瓷市场环境顺应时代不断发展，经文化创意与陶瓷产业融合后打造出更有价值的产业体系架构。景德镇陶瓷发展历史辉煌灿烂，城市文旅发展坚持不断融入丰富的陶瓷文化创意，探寻陶瓷文创产业转型道路，打造世界瞩目的景德镇陶瓷文化品牌，注入文创不竭生命动力。

江西景德镇文旅融合发展提升的路径如下：

一、融入城市建设专项计划，提速城市建设转型

2019年9月，《景德镇国家陶瓷文化传承创新试验区实施方案》印发，提出要紧紧围绕国家陶瓷文化保护传承创新基地、世界著名陶瓷文化旅游目的地、国际陶瓷文化交流合作交易中心等"两地一中心"目标定位，开启景德镇战略转型性城市新征程。统筹规划整体城市建设，提升城市整体布局设计，加强陶瓷历史遗迹保护，发挥本地陶瓷优势，提升陶瓷产品质量，在稳定陶瓷文创产业发展的基础上，通过陶瓷博览会、招商会、交流会等平台大力吸引外资，搭建系统完整的销售、运营、服务整体陶瓷文创产业链。

提升基础服务设计建设，打造景德镇陶瓷文创智慧型城市，对现有的配套设施进行改造升级。运用现代化技术和设计元素融入陶瓷文化创意，加快建立完备的陶瓷文化遗址保护体系，将宝贵的陶瓷记忆、陶瓷历史文化、珍贵的陶瓷历史遗址申报，形成具有景德镇特色的景德镇历史名迹，搭建景德镇陶瓷发展新空间。

二、稳定关键人才队伍力量，激发产业发展活力

陶瓷文化创业人才是推动景德镇陶瓷事业发展的重要内生力，是文化与产业紧密联系的纽带。完善景德镇陶瓷专业人才改革机制，将人才"输血"变成"造血"。以陶瓷人才的交流学习、培训实践、技术培养等方式，为国内外提供陶瓷专业性人才，完善人才引进体制改革，扩大陶瓷技艺职业培训范围。从陶瓷市场

的全链条过程做好人才培养工作，进一步鼓励和扶持景德镇市域内景德镇陶瓷大学、景德镇学院、江西陶瓷工艺美院、景德镇艺术职业大学、景德镇陶瓷职业技术学院5所高职院校的陶瓷专业技能教育，做好景德镇人才孵化中心工作，提升景德镇陶瓷市场艺术水平，实现专业人才供给，擦亮景德镇陶瓷人才金字招牌，发挥人才在文化产业发展中的关键作用。

三、发挥文化产业多元化优势，扩大产业领域范围

将景德镇茶文化、古戏台文化等兼容并蓄融入陶瓷文化中，打造精品景德镇文旅路线，促进文艺、娱乐、餐饮等多元素文化产业，如新嘉茶园通过茶具与茶叶的搭配实现文化交融；浮梁高岭·中国村"瓷之源、茶之乡、林之海"的建设定位，将瓷文化、茶文化融合打造成景区整体；中国历史上唯一五品县衙——浮梁古县衙将瓷文化与县衙文化结合，吸引了大批游客。

御窑景巷街区（3A）是景德镇市首条瓷都里弄民俗文化休闲街，依托景德镇御窑厂老城区周边设施，除去御窑风格明显的陶瓷文创商店、陶瓷主题餐饮店、主题影院店等，还保留了19条原城市里弄以及古戏台、老会馆等历史元素和历史建筑，是陶瓷文创产业与里弄文化完美结合的杰出代表。随着时代发展，陶瓷文化与其他文化品类的科学融合，为景德镇陶瓷文化产业提供了更多创新发展新动力，这既是对中华优秀传统文化的继承与弘扬，也是当前陶瓷文化产业发展的必然要求。

参考文献

[1]刘泽楠.数字金融对区域经济发展的影响研究[J].产业创新研究，2023
（15）：47-49.

[2]纪海凤，雷鸣.绿色金融、环境规制对绿色经济的影响研究——基于结构
方程模型分析[J].商展经济，2023（14）：98-102.

[3]张倩，林映贞."互联网+环境规制"能否提升城市绿色经济效率？[J].科
技管理学报，2023，25（4）：45-57.

[4]褚志朝.中国区域经济发展与共同富裕进程协调发展研究[D].蚌埠：安徽财
经大学，2023.

[5]张娜.中国高技术产业集聚对绿色经济效率的影响研究[D].兰州：兰州大
学，2023.

[6]吕雁琴，范天正.中国数字经济发展的时空分异及影响因素研究[J].重庆大
学学报（社会科学版），2023，29（03）：47-60.

[7]徐雅兰.数字金融对绿色经济增长的影响研究[D].蚌埠：安徽财经大学，
2023.

[8]刘丽艳.生态旅游经济发展模式与路径研究[J].旅游纵览，2022（24）：
73-75.

[9]于萌萌，王正.中外区域经济发展模式比较的经验启示[J].中国集体经济，
2022（26）：166-168.

[10]阴玥，徐衍.可持续发展背景下农业循环经济发展模式优化研究[J].农业经
济，2022（8）：12-14.

[11]邱成.国际不同经济发展模式的比较及启示[J].商展经济，2022（15）：24-26.

[12]叶志鹏，郑晶玮，李朔严.制度适应性与区域经济发展模式的演变——对温州模式转型的再思考[J].贵州财经大学学报，2022（4）：101-110.

[13]毕玉霞.生态旅游经济发展模式与路径研究[J].中国商论，2022（12）：55-57.

[14]徐峰.低碳经济对国际贸易发展的影响[J].商展经济，2022（11）：69-71.

[15]陈豪伟.浅析国内低碳经济的发展与未来走向[J].河南林业科技，2022，42（2）：43-45.

[16]王晓雯.低碳经济发展模式研究与探讨[J].科技经济市场，2022（5）：65-67.

[17]连锦泉.保险政策工具服务我国经济发展模式转型升级[J].中国保险，2022（05）：11-13.

[18]李琳.中国不同区域经济发展模式和区域竞争力分析[D].北京：对外经济贸易大学，2022.

[19]束亚芳.绿色市场经济发展模式研究[J].上海商业，2022（3）：239-240.

[20]黄佩仪.科技创新与区域经济发展模式转型关系浅析[J].中国产经，2021（16）：34-35.

[21]尚勇敏.科技创新与区域经济发展模式转型关系综述[J].国外社会科学前沿，2021（3）：91-99.

[22]孙萍.我国经济发展模式转型背景下的高校创业教育研究[J].中国成人教育，2020（22）：40-43.

[23]王迪熙.中国区域经济发展模式的嬗变与启示探析——以宁波为例[J].统计科学与实践，2020（8）：34-37.

[24]牛文娟.基于区域经济视角的新农村可持续发展模式研究[J].商业经济研究，2020（13）：131-133.

[25]曾强.论我国区域经济发展模式的选择[J].商讯，2019（25）：160-161.

[26]胡莹.我国区域经济发展模式研究[J].商业经济研究，2019（15）：160-163.

[27]谢江林，胡辉勇，涂国平.我国经济发展中的"舍本逐末"模式及化解对

策[J].江西社会科学，2017，37（4）：60-65.

[28]曹秀娟，刘卫东.我国经济发展模式的策略与转变[J].现代经济信息，2016（6）：9.

[29]王姝俐.浅议我国经济发展模式[J].法制博览，2016（7）：298.

[30]鄢鑫.新形势下我国经济发展模式探究[J].财经界，2016（5）：17.

[31]杨金霞.低碳经济与我国经济发展模式转型[J].民营科技，2013（9）：219-220.

[32]吴蛟.我国经济发展模式研究综述[J].新西部（理论版），2012（Z6）：36+26.

[33]裴晓勇.包容性增长对促进我国经济发展模式转换的启示[J].晋中学院学报，2012，29（6）：36-38.

[34]朱逍荣.从我国经济发展模式探析艺术设计教育的人才定位[J].艺术与设计（理论），2011，2（10）：166-167.

[35]李岩松.低碳经济发展模式下我国绿色饭店的建设[J].企业经济，2011，30（6）：64-67.

[36]王贵臣.试析低碳经济与我国经济发展模式转型[J].中国市场，2011（23）：208-209.

[37]吴志澄.我国经济发展模式及其创新——从惠民生与保增长相结合的视角[J].综合竞争力，2010（6）：8-13.

[38]周卫嘉.审视我国经济发展模式的新视角[J].新长征，2010（5）：64.

[39]艾建勇.从数据看我国经济发展模式转型的必要性[J].消费导刊，2010（6）：46+48.

[40]李伟.我国循环经济发展模式研究[M].北京：中国经济出版社，2017.

[41]王今朝，龙斧.中国经济发展模式转型：理论与政策[M].北京：科学出版社，2011.

[42]王今朝.中国经济发展模式：政治经济学解读[M].北京：社会科学文献出版社，2013.

[43]叶连松.转变经济发展方式与调整优化产业结构[M].北京：中国经济出版社，2011.

[44]贺祥民.区域经济发展对生态环境及其效率的影响研究：理论基础与经验

证据[M].北京：经济管理出版社，2022.

[45]陈春花.经济发展与价值选择[M].北京：机械工业出版社，2016.

[46]蓝裕平.中国经济发展的逻辑[M].北京：中国纺织出版社，2020.

[47]周灵.经济发展方式转变框架下的环境规制研究[M].北京：经济科学出版社，2018.